Line Beaunol

Un ange de Jésus vit en France

Line Beaunol

Un ange de Jésus vit en France

Depuis plus d'un demi siècle

Éditions Croix du Salut

Imprint

Any brand names and product names mentioned in this book are subject to trademark, brand or patent protection and are trademarks or registered trademarks of their respective holders. The use of brand names, product names, common names, trade names, product descriptions etc. even without a particular marking in this work is in no way to be construed to mean that such names may be regarded as unrestricted in respect of trademark and brand protection legislation and could thus be used by anyone.

Cover image: www.ingimage.com

Publisher:
Éditions Croix du Salut
is a trademark of
Dodo Books Indian Ocean Ltd., member of the OmniScriptum S.R.L Publishing group
str. A.Russo 15, of. 61, Chisinau-2068, Republic of Moldova Europe
Printed at: see last page
ISBN: 978-620-3-84321-7

Nous sommes le 24 AVRIL d'une année à ne pas citer troptôt sur l'île aux belles fleurs !

Le soleil *a quitté son Zénith pourl'Ouest de l'île de de la Martinique. Il est 15H ! Un cri de délivrance répond au son de l'horloge de l'église de la ville de Fort de France...Une fille est née. A la tombée de la nuit une nouvelle étoile*plus brillante que les autres comme sortie d'un lotus blanc, scintillera dans le ciel de ce monde cette année-là. Elle apparaitra aux êtres des ténèbres et aux entités invisibles : Anges et Démons. Sa nature n'a pasencore été révélée aux hommes visionnaires de ce monde. Elle ignore qu'elle sera crainte dans les mondesinter dimensionnels dans lesquels se dérouleront ses missions. Cela voudrait dire aussi que sa vie dans ce monde sera un vrai parcours du combattant quand son étoile* sera volée par les ennemis de l'humanité.

Dès ses 4ans,elle part et visite des lieux avec de beaux jardins qu'elle dessine le lendemain pour les offrir à sa maman ; elle est gaie et naïve pas tout à fait ? Elle croitque c'est normal puisqu'elle ne vit que cela ! Mais quand elle estde sortie avec sa maman, cela lui arrive de croiser et de reconnaître certaines de ces personnages avec lesquelles elle passe les nuits à s'amuser avec les enfants, cela arrivaitle plus souvent dans le bus qui les dépose au terminus de Fort-de-France. Elle s'agite en tirant sur le bas de la robe de sa maman pour attirer son attention,et lui dire en chuchotant dans ses mots d'enfant, un peu brouillon: « Maman ! Maman, c'était avec cette personne que j'étais, l'autre jour », mais cette personne reconnue par elle,semble l'ignorer. La mamantroublée et gênée, lui répond en la secouant un peu pour la faire taire : « D'accord, d'accord ». C'est ainsi que La nuit,la petite fille quitte son litâ la rencontre d'autres familles dont une qui lui semble très proche d'elle avec des enfants autour d'elle, telle une photo pausée? Ellese fait de nouveaux amis bienveillants. Apparemment, elle ne subissait pas de violenceet nevoyait pasde monstres non plussur les lieux de ses rencontres parce qu'elle en aurait parlé, bavarde comme elle est ! Elle est joyeuse mais la maman a peur, quand elle lui dit voir des personnes qui ne sont pas comme nous, marcher dans la ville; ce qui se révèlera exacte plus tard. Elle sera ignorée de ses proches toute sa vie. SEULE dans le monde des humains.

Cette petite fille c'est moi !

DES L'AGE DE SIX ANS

Une intelligenceque je trouvais normalem'entraine dans des lieux remplies d'images et de tendresse,ne sachant pas que ces mondes sont invisibles à ma mère et à ma tante !

AINSI

Â ma mère et à ma tante,quand jeparlais de ce que je voyais la nuit, qu'il y avait des choses qui se passent dans des endroitsoù ellesn'étaient jamais- là ? Elles me répondaientque j'avaisde l'imagination,rien de plus, ni jamais d'ailleurs ! Puisqu'aujourd'hui, elles sont mortes, mais je ressentais leur complicité ? Je vis seule ma vie nocturne avec des gens que je ne connais pas toujours mais qui me sont familiers.Je ne connais pas l'ennui parce que je revivais dans ma tête les jeux que mes amis invisibles mais visibles pour moi, partageaient avec moi. Artiste en herbe,je dessinais et peignais à l'aquarelle ! Je chantais, je lisais, je jouais à la poupée et je me disputais avec ma sœur aînée ; un vrai garçon manqué ! En gros je m'intéressaisàbeaucoup de choses et ma maman me disait curieuse ?C'était rigolo de m'occuper des poulettes, et de fuir le coq qui me courait après et me piquait les talons, ouille! Et pour lui échapper, je sautais sur la chaise du séjour et j'entendais crier ma mère depuis la cuisine, un moment de joie et d'amusement qu'elle ne partageait pas avec le coq et moi, enfin bref!C'est au fur et à mesure que je grandissaisque j'ai compris que mafamille étaitétrange, même trop étrange à mon avis ? Parce qu'elle ne comprenait jamaisselon elle, ce que je vivais en dehors d'elle ou du moins,c'est ce que je croyais ? Serait-ce celale mystère caché de mes origines ?

Je me souviens du jour où ma tantela sœur de ma mère qui partageait la même cours qu'elle, m'appela ; je devais avoirsix ans en ce temps- là ! Je merendis à sa maison, elle étaitdebout dans son séjour en tenue de ville prête à sortir pour me demander de lui récupérer son chapeau de paille posé sur son lit. N'étant pas en âge de discerner quoi que ce soit je m'exécute sans poser de question (parce que cela ne se fait pas chez nous). Je suis entrée avec l'agitation d'une gosse naturelle dans la chambre, mais j'ai eu un sentiment de crainte inexpliquéen saisissantsans ménagement le chapeau, sûrement parce qu'il faisait sombre dans la chambre,mais bon !Aussitôt ma mère m'appela etvoulu savoir ce que sa sœur attendait de moi.Je le lui ai dit, mais j'ai tout de même compris qu'elle était contrariée pas après moi, mais contre ma tante. Pourquoi ? Je l'ignore. Le secret, hé oui !

Il fut un tempsoù ma mère me réveillait et me préparait pour sortir avec ma tante en pleine nuit je ne sais pour aller où, ni pourquoi mais je la suivais. Pour le peu que je me souvienne, ma tante avait gardé au début le contact avec moi et ça s'est estompé au fil du temps,pourtant elle que je croyais m'aimer.Puis elle m'a oubliée, je ne sais pas trop ? Son absence m'a beaucoup attristée, bien que je ne connaisse rien de ma famille ? Ce sont les réminiscences, pour autant que je me souvienne de ces sorties nocturnes des images restent en moi... Il fait encore nuit, je suis sur le quai d'un long et largecanal qui me paraissait immense et profond à mon échelle de petite fille, en compagnie d'un groupe de femmes silencieuses sans homme, ma tante me tenait fermement la main, une preuve de sa responsabilitéenvers moi... Voilà qu'arrive une barque... et la porte de ma mémoire de cet épisode,s'estrefermée pour ne plus jamais se rouvrir.Au départ de ma tante pour le sud de la France,c'estune partie de mon enfancela plus belle selon moi, la plus innocentequi s'en est allée.

A SEPT ANS LES APPARITIONS DES SIRENES

Maintenant,je sais qu'il ne s'agissait pas de simples rêvesmais de connaissances initiatiques de lieux qui enrichiront ma destinéedans la réalisation de mon dessein.J'ai compris cela à travers desvisions que je faisais toujours, sans connaître ma vraie identité ni d'où je venais, maisje suis sûre que cette famille avec laquelle je vivais n'était pas la mienne.Huit ans et les visions s'enchaînent et se précisent...Debout,les pieds enfouis dans le sable des grandes profondeurs de l'Océan Atlantique dans lesquelles je respire sans difficulté comme sur la terre ; les abysses pour les sirènes qui par leurs chants m'attirent à elles, sans doute ?Je suis seule et le silence règne dans les fonds marins. Je regarde autour de moi, il ni a riend'autreque de l'eau ; puis je relèvela tête et je vois passer de gros poissons, dont des requinsqui semblent glisser sous la surface de l'eauqui visiblement ne s'intéressent pas à moi. Sans doute parce que j'étais très en dessous d'eux ? Mon regard traverse cette énorme masse d'eau salée cristalline, c'est comme-ci je regardais au-dessus de la surface avec un Télescope grande distance en mode zoom. Subitement !Une lumière s'éteint, le ciel s'assombrit et change de visage pour devenirobscur.

Toujours debout sur le sable blanc du sol marin, je vois s'inscrire engrosses lettresde la couleur rouge sang *« FIN DU MONDE »*... Il y avait une suite que j'ai oubliée...*Aujourd'hui* je me pose la question qui est de savoir si je n'ai pas déjà vécu la fin d'un monde vu mon âge spirituel?

Je fus maintesfois invitéepar une femmequi habite dans l'eau, à sauter du haut d'une falaise formée d'énormes rochers noirs qui semblent avoir été crachée par un volcan. Le site n'était pas rassurant à cause du silence qui y régnait. Cette femme m'invitait à la rejoindre mais hésitante je tardais à lui obéir, elle le voyait et me dit : « Viens, n'aie pas peur !Je vais me noyer lui dis-je ? » Face à tant d'insistances, j'ai sauté et c'est là que j'ai vu le volume d'eau qui me recevait. Cette femme me dit alors : « Tu vois, tu respires ! ».Je ne voyais que la partie supérieure de son corps qui ce jour-là, ce qui m'a rassuré. Il y avait aussi un géant massifqui me demanda de m'accrocher à sa jambe et je fus accompagnée au château de la Sirène,par lui. Apparemment, ce géant qui ne ressemble pas à un poisson,vitaussi dans l'océan Atlantique mais pas dans le même secteur probablement de la Sirène ?On ne nageait pas, on a glissait sous l'eau pendant un moment, puis je l'ai entendu dire à la Sirène :« Je te la laisse ». Je rejoins la Sirène. Mon corps dans l'eau, je me suis accoudée sur le bord de la terrasse à ses côtés, avec l'eau au niveau de mes épaules. Cette demeure ressemblait à unesuperbevilla terrestreen apparence,avecdes colonnes de béton sur la terrasse, avec la mer pour piscine. Tandis que le géant a continué sa traversée sans me dire au revoir (j'en souris aujourd'hui)et plus rien ! A mon réveil je n'ai gardé aucun souvenir de mon arrivée à l'intérieur de la Villa et encore moins de ce que j'ai pu y faire ?

Un soir, il n'était pas très tard mais je dormais déjà, je fus visitée par le dieu Poséidon muni de sa fourche. De ma chambre à travers le mur (mon 3ème œil était déjà ouvert)je le vois traverser le séjour avec l'idée d'entrer dans ma chambre. Dans mon sommeil, Je lui ai brutalement interdit d'ypénétrer, et il est parti, j'ai eutrès peur. Et bien d'autres créatures marines dont j'ignore le nom aussi étranges l'une que l'autre, qui ne me font aucun mal à vrai dire ou que je n'ai gardé aucun souvenir d'eux.

A cet âge je n'avais pas peur de la Sirène parce qu'en ce temps-là, je ne savais pas qu'une telle créature pouvait exister, vu que je ne voyais jamais laqueue de poisson.Par contre j'ai vu un Triton se déplacer avecde sa queue qui lui servait de pieds. J'avais le sentiment qu'il était à ma me recherche sur un marché d'une ville X que je ne connaissais pas et je me suis cachée derrière degrandsrideauxde l'appartementquand il a visé le lieu où j'étais. J'ai eu peur et je me suis réveillée le cœur battant la chamade.

Aujourd'huije saispourquoi c'est ce géant qui me véhiculaitaccrochée à une de ses jambes, parce que je n'aurai pas pu m'accrocherà la queuede la Sirène, c'est aussi simple que cela ! Je la vois de temps en temps mais j'ai un peu peur d'elle par contre ! Elle était très douce avec moi, vu ce que j'entends certains humains dire d'elle aujourd'hui ? Bref ! Moitié humaine-moitié poisson ça ne passe pas pour moi !

Par contre, je n'ai gardé aucun souvenir d'elle m'ayantcausé un mal quelconque, mais il est vrai que je ne suis pas à l'aise dans la mer avec toutes les créatures bizarres qu'elle habite. J'ai aussi une peur bleue de son eau noircie par les nuits sans étoile ainsi que les criques.Serait-ce un résidu d'un traumatisme ?

J'ai mené une mission sauvetage des âmes des noyés qui remontaient à la surface tels des immigrés pour les accueillir dans ma maison/bateau. Ce fut ma dernière mission accomplie en fin 2018. J'ai reçu plusieurs drapeaux des pays dans lesquels j'ai missionné. Mes dernières visions venaient de la mer, me signifiant clairement que je ne suis plus la bienvenue dans son royaume ?

Aujourd'hui je rêve et je continu à écrire pour laisser une trace de mon retour sur la Terre du monde des humains. Cela arrive que je croise des gens qui me disent que j'ai une grande destinée, oui mais quoi Que je parle directement à Dieu. Chose que j'ai compris plus tard !

LE JOUR DU CHOIX DE MON MAÎTRE

Je suis chez ma mère, dans le séjour que je reconnais mais la pièce est vide. J'avoue que j'étais un peu désorientéemais un détail m'interpelle ; car les murs étaient tapissés d'Images religieusesque je ne connais pas, trop petite à cette époque. Après les avoir toutes bien regardé, j'ai choisi celle de Jésus représenté dans le monde, assez ressemblant que je n'avais jamais vu non plus, sauf sur la croix ? Mais pourquoicette image de Jésus fils de Dieu que ma mère qui disait être sur la croix sur le mur de ma chambre au- dessus de mon lit ? ... Et je me réveille...

La période d'épouvante dura jusqu'à mes seize ans. Tous les soirs des entités ailées et griffues (je dis çà mais je suis jamais sortie pour les voir ce que je supposais) sautaient sur le toit de tôlede notre maison,faisant grincer leurs griffes sur la tôle ; elles criaient mon prénom caché etpleuraient beaucoup, elles semblaient souffrirdu manque de moi ; cette situation qui a duréun long moment, me fendait le cœur, c'estcomme si j'étais un membre proche de leur famille. J'étais terrifiée. Seule dans ma chambre, le regard rivésur cette fameuse fenêtre de la chambre de ma maman,restéeouverte à cause des grandes chaleurs de la saison, disait-elle ! Je suis hantée à l'idée que ces entités me kidnappent, malgré mes supplications à mère au sujet de la fenêtre restée ouverte. Des chiens aboyaient, grognaient et hurlaient à la mort comme des loups qui ressentent le danger, dans un boucan de tous les diables ; d'un autre côté les chattes en chaleur se battaientavec des matousen poussant des cris de bébés. Tandis que des chiens venus d'ailleurs font desroulades dans les hautes herbes coupantes du terrain négligé, devant la maison abandonnée de la voisine d'en face,partiedepuis longtempssans donner de nouvelles aux gens du quartier ? Ces chiensdévalent la pente à grande vitesseen se bagarrant, renversantau passage les poubelles avec grand fracas,dispersant ainsi des branchages de végétaux coupés la veille,déposés devant nos barrières,pourchassés par les chiens du quartier. Les voisins qui dès le lendemain se plaignent du scandale et du brouhaha de la veille. Mais aussi il y a du nettoyage à faire! Ce spectacle « de course poursuite » a duré un temps mais par intermittence, puis tout s'est arrêté. Chez nous, personne n'en parle. Nuit blanche pour ma mère et moi, pas pour ma sœurqui a dormi toute la nuit, les poings serrés.

Il est 5H. J'entends l'agitation des ailes qui viennent du poulailler non loin de ma chambre, avec le coq qui s'égosille en débutant son premier cocorico du matin. La belle Aurore sera mon salut du jour...La nuit me hante.

L'Aurore s'est pointée etles entités ont déjà regagné leur monde pour tout recommencer plus tard.

Des entités vampires me visitaient de temps en temps me laissant des bleus sur le corpset les bras comme pour témoigner de leurs passages ; des gouttelettes de sang sont retrouvéessur les draps et sur le sol de ma chambre, sans que je ressente les morsures de leurs crocs. Maman voit, maman est muette maiselle agit en frictionnant les hématomes de vinaigre d'alcool ; des actes qui démontrent son impuissance face à ces entités. Pourquoi elle ne me parle pas ?J'ai dû continuer à vivre et à agir quand il le fallait avec mes trois vies dans le monde des humains et dans celui des invisibles.Maman voit, maman entend ce que j'entends,maismaman est toujoursmuette, ma pauvre maman...Je pleure en silence parce que je suis seule et que j'ai peur la nuit. Qui croit à ce que je vis ?

A l'école j'étais appréciée par les maîtresses et les professeurs parce que je suis intelligente, toujours première au classement général. J'aimais dessiner, peindre pour l'école et lire les livres en guise de récompenses que je recevais du directeur de l'école pour mes bonnes notes, ma mère est fière de moi sans démonstration sentimentale. Je ne parlais pas l'anglais mais je savais traduire les textesanglais en français juste en les regardant globalement et bien d'autres dons que je ne saurais vous expliquer puisque les choses arrivaient comme ça ! Sans effort.J'étais sous la loi de l'enregistrement que j'ai perdu depuis. Je croisais des personnes qui me trouvaientjolie et c'était vrai; elles me trouvaient une peau lumineuse et me disaient que je suis un ange mais je ne comprenais pas le sensde tous ces motsalors,je ne faisais que sourire.Ces petites attentions embarrassaient ma mèrevu que ma sœur était sa préférée, elle me trouvait insolente et curieuse, elledisait aussi que je parlais trop ! Alors que je ne faisais que dire ce que je voyais, bref ! En ce temps- là j'étais joyeuse et rigolote malgré les turbulences dans ma vie.Peut-être voulait-elle me protéger ?

A l'âge de dix- sept ans, je quitte la Martinique pour la France, c'était difficile pour moi, je n'étais pas préparée à découvrir d'autres cieux que celuique j'ai toujours connu. La tête chargée de souvenirs incroyablesqui se bousculent pour ravir les premières places dans mes pensées. Des émotions inconnues se saisissent de mon corps transformépour que je n'oublie pas ce que j'ai connu sur l'île de la Guadeloupe ; une île qui a fait de moi une courageuse et jolie jeune fille ; cette île que je regrette déjà. Je me suis persuadée qu'ici à Paris qu'il n'y aura pas d'entité ni esprit méchant pour que mon rêve de retrouver mon étoile* voléese réalise,afin qu'elle soit toujours la lumière de ma vie présente et dema vie future,au-delà du monde des hommes. Je suis angoissée, tristeà cette pensée qui est de ne pas la retrouver ?Je pleure ma maman, elle me manque beaucoup. J'ai peur...

PARIS L'AN 1970...

Il est temps de quitter la terre de mon enfance, le cœur serré je fais un tour d'horizon dans mes souvenirs pour choisir lesquels qui voyageront avec moi, je jette un regard mélancolique plein de tendressessur la maison de ma maman, qui me suit du regard jusqu'à la voiturequi m'éloignera d'elle, celle qui m'emmènera à l'aéroport du Lamentin. Maman est seule, debout sur le seuil de la petite maison : Adieu maman, je t'aime... Au loin, j'aperçois les ailes du Boeing 747 qui m'élèveront au- dessus de mon île vers mon devenir. Je reste silencieuse,intimidée par les contrôles de Police et de la douane, jusqu'à mon embarquement. En entrant dans l'avion, je me retourne pour faire un au revoir au ciel et à la terre de mon île la Martinique. Le cœur gros je verse mes dernières larmes pour ma maman que je m'apprête vraiment à abandonner. L'avion roule sur la piste et décolle dans un bruit inquiétant que je ne connaissais pas. Assise près d'un hublot, je suis la fuite en arrière les images de mon île, c'est fini ! Adieu famille, adieu les copains et les copines, les voisins, Ha ! J'oubliais mon ami le coq ! Qu'il prenne soin des poulettes... Je pars.

C'est cette année- là queneuf heures après ! Je dépose mes bagages sur une terre étrangèreappelée France ...Quel sort me réserverale ciel gris de ce pays sans mon passé laissé dans l'île ?

JE SUIS AU DEUXIEME TOURNANT DE MA VIE

A Paris, j'ai passé le concours d'entrée à l'école d'infirmière avec succès et des félicitations. J'ai occupé un poste dans un servicespécialisé en infectieux, j'avais en charge des patients atteint du VIH et autres infections, il y a beaucoup de malades ? Je suis choquée par cette vision. C'est dans ce serviceque j'ai contracté la Tuberculose du foie,malgré toutes les précautions prises pour m'en protégée; un cas rare selon les dires des médecinsqui fut, non seulement difficile à identifier maisaussi à soigner, à cause des signes inhabituels de la maladie, telles que de laforte fièvrequi dépasse les 40°Celcuset des petites taches brunes sur le brasqui, après des recherches biologiques des 3 BK tubages (pratiqués parmoi-même qui n'ont rien donnés). Le dossier médical fut repris au début de mon hospitalisationpour constater que les enzymes du foieétaient très augmentées ; une biopsie du foie s'impose à ce moment-là,etque ce n'est que la douloureuse Biopsie du foie qui aidentifié le BK, enfin ! Le traitement anti- tuberculeux est mis en place, mais il y eu une chose étonnante à ajouter au tableau maladifc'est que les fonctions biologiques du foie se normalisaient ; letraitement qui avait été mis en place n'a pas donné satisfaction parce que j'étais toujours très fiévreuse et fatiguée. Lesrecherchesse poursuivent pour trouver « le pourquoi de la fièvre »qui fait de la résistance en moi. Finalement les médecins ont découvert que je faisais une réactionallergiqueà la toxine du Bacille de Koch. Cela a duré plus d'un mois avant de trouver le traitement le plusadapté qui dura plus d'un an à cause des allergies diverses que je développais à cause du lourd traitement contre le BK et l'injection des Antibiotiques ! J'étais souffrante et malheureuse, parce que je revenais tout justede la Martinique pour le décès dema maman, quand le bacille pénétra mon foie. Le choc et le stress suite à la perte de ma maman,ont fait chuter mon immunité et ont diminué mes anticorps. Entre temps je pleure maman. Je suis restée un certain temps hospitalisée dans mon service, affaiblie, usée et fatiguée moralement.

J'ai quitté l'hôpital quelques mois après avec un long et difficile traitement qui se mêle à ma douloureuse situation d'orpheline. Peu de temps aprèsj'ai dû surmonter malgré ma peine, le vol de ma voitureet là ! C'est encore une autre histoire. Je n'en pouvais plus !

Suite à cette maladie professionnellerare et éprouvante nul doute que le ciel de la France m'est tombé sur la tête ! Pourquoi ? Suite à cela, je quitte mon travail à l'hôpital de l'AP.

Le temps passe sans trépasser !

Jusqu'au jouroù un ami me proposa de travailler en libérale en Guadeloupe, une île proche de la Martinique que je ne connaissais pas, mais j'y avais des collègues-amis que j'ai connu de mon travail à Paris et de l'Ecole d'Infirmière. J'étais emballée, loin de savoir à quoiet à qui que je devrais me confronter : Ce fut l'Enfer sur terre avec un ami démoniaque à mes côtés. L'Ouragan Hugo s'estinstallé en moi.

NOUS SOMMES EN 1993…

Jedépose mes bagages en Guadeloupe, je suis aux anges ! (le mot est bien choisi, croyez-moi). A mon arrivée tout était beautout était bien ! Je fus bien reçue et acceptée par les habitants en généraldans la semaine qui asuivi mon arrivée sur l'île. J'ai connu l'enfer avec des risques de mort, je savais que mon destin prendrait une nouvelle tournure mais pas celle-là ? Sinon je n'y aurais jamais mis les pieds ici, mais il est vrai qu'un changement, c'est aussi vivre le pire que l'on ait jamais connu ou le meilleur ?La clientèle que je soignais m'étais choisie, mais certains habitants sur l'île qui,poussés par des mauvais esprits et des démons furieux de l'île,ne tardèrent pas à me bousculercomme pour calmer ma joie et me faire descendre de mon cocotier,à m'insulter voire à s'en prendre à moi, à ma maison, à mon travail et à ma voiture, j'ai connu des collègues qui volaient mes patients, une situation que j'ai supporté en silence sans manifester des désaccords avec mes collègues sachant queje connaissais le vrai responsable et le « Pourquoi ?? » Car j'avais toujours de nouveaux patients. Mais ce fut difficile malgré tout. J'ai eu des ennuis qui n'ont jamais existés à ce jour sur la terre. J'ai vu et combattu des choses que je ne connaissais pas et que je suis dans l'impossibilité d'en parlerautour de moi et à mes proches, à quoi bon ! Puisque personne ne peut m'aiderà ce niveau de puissance spirituel qui ne concerne que moi. Je suis seule humainement parlant, à lutter contre les œuvres des Ténèbres sans que je le sache moi-même ? Je vivais un cauchemar en plein jour et dans la nuit, je nageais dans le fleuve des damnés à contre sens. C'est à ce moment-làque les esprits commencèrent à me parler. Je souffrais d'un mal innommable sur la terre des hommes. A l'arrivée de la nuit, j'ai toujours eu l'impression que tous les démons de la terre, de l'air et de la mer, se donnaient rendez-vous dans ma maison pour s'emparer d'elle.(Mon voisin m'a rapporté que ses ouvriers entendaient travailler des ouvriers chez moi et bien des choses étranges, qu'un jour ses ouvriers allèrent voir ce qui s'y passait, puisqu'ils ne voyaient pas de passage parce qu'il n'y avait personne ? ...). Les serviettes de toilettes dans la salle de bain étaient imbibées de mucus et d'odeurs de chiens mal lavés. Les murs de la maison étaienten glace. A l'intérieur de la maison, je portais des tenues d'Hiver avec un bonnet de laine sur la tête avec plus de 32 degrés Celsius à l'extérieur, c'étaitinvivable pour moi que j'ai dû me résigner à croire qu'ils prennent des douches chez moi et qu'ils utilisent mes serviettes et mon peignoir? Ne pouvant plus vivre dans ces conditions j'ai dû quitter la maison pour dormirchez mes amis, jusqu'au jour où j'entends : « Tu dois retourner chez toi pour récupérer ta maison... » Je fais part à mes amis de cette décision et je suis retournée sur le pôle de mon enfer de glace, mais cette fois avec beaucoup de courage et d'espoir déterminée à lutter contre ces esprits du mal et les entités mauvaises. Alors-là !Pendant une semaine tous les soirsil y avait une musique de nuits d'épouvantes, on penserait à un concours de danse entredémons et vampiresà me faire perdre la tête mais je suis restée ! Je me suis mise à prier le ciel avec beaucoup de ferveur, et je les ai chassés de chez moi pour tout arrêter mais il y a toujours autres choses. Je n'ai aucun lieu où poser ma tête.

Mes ennemis m'ont tué, enterré avec un cercueil et abandonné dans le Cimetière de ma ville, puis je fus ramenée à la vie par mon Dieu. C'est à ce momentque je suis devenue la femme à abattre, parce qu'ils ne sont pas parvenus à me tuer.

« Père tu as mis devant moi la vie et le bien, la mort et le mal, je ne me détournerai pas dans la voie que tu m'as ordonné d'aller : Alors je choisis la Vie et le Bien... ».

2013, MES GRANDES REVELATIONS : Mon retour dans le monde des humains

Combien de temps ? Mon corps violé, violenté ne s'alimente plus, il ne souffre pas et mon âme trouve du repos dans le tombeau sacrificiel de mes souvenirs, à chaque fois que l'ange sur ses ailes blanches emporte mon esprit,loin de la face du Serpent ancien. L'invisible se révèle à moi sans que je le comprenne vraiment... ?C'est en Décembre 2010 que j'ai mené ma première mission spirituelle hors du territoire sur la France puis dans d'autres pays. C'est à cette période que l'archange Michel fait son apparition dans ma vie, pour assurer la suitede mon initiation qui concerne mesluttes dans l'invisible jusqu'à ce que je prenne mon indépendance ; pour cela mon 3ème œil était déjàouvert. Il m'a appris à lutter contre les esprits démoniaques. L'archange m'accompagnait toujours à chacune de mes missions au début, quand je lui demandais de l'aide, il me répondait : « Tu peux t'en sortir ». Je fus formée et aidée par lui mais ce ne fut pas facile, car il a fallu que je sois rapide et leste, un temps suffisant pour tomber amoureuse, non pas comme un amour inconstant humainmais parce qu'il m'infusa l'essence du véritable amour dans le cœur afin de me rassurer sûrement, depuis je peux mesurer celui de l'homme. Je suis fière d'avoir connu l'amour du Divin dans ma chair et mes os. Je n'ai jamais eu autant de joie à me coucher tôt pour travailler avec lui, même si je craignais ses justes colères tête baissée. Je n'osais pas trop le regarder dans les yeux parce que j'y voyais l'Océan et les profondeurs de la terre qui m'effrayaient un peu. Il est autoritaire et doux à la fois, j'avais avec lui le sentiment de bénéficier d'une protection privilégiée du bon soldat que je suis. Sa mission rapprochée avec moi achevée, j'ai reçu les compliments du Ciel qui a reconnu que je suis capable de me défendre loin de mes protecteurs. L'archange Michel est partiet je ne l'ai plus revu pas même en vision, mais je sais qu'il suit mes déplacements. L'odeur de son parfum d'amour est imprégnée en moitémoigne de sa présence. Je l'appelle, quand je rencontre un problème que je ne puis résoudre, je sais qu'il m'entend puisqu'il agit. Savez-vous que les anges parle peu c'est une sensation qui s'empare de moi qui fait que je comprends leurs messages. Quand ils sourient je le sais parce que je souris aussi. Dans une de mes missions avec lui, nous nous sommes rendus dans le monde de l'homme auvisageoblong pour récupérer la formule chimique du traitement du cancer du poumon(qui sera bientôt trouvé si l'homme au visage oblong ne m'en veut pas trop de l'avoir laissé avec son monstre de chien.

CE JOUR-LA VOILA CE QUE JE VOIS

Ce jour-là ! Voici ce que Je vois sur un mur à l'extérieur du bâtiment, une seringue de 60cc avec un produit jaune à l'intérieur,posée là pour mon esprit ? Mais l'homme me poseune condition à cettedonation que la loi du Cosmos l'oblige à me donner pour sauver l'homme!Que je reste dans son monde avec lui, parce que mon Dieu ne m'aime pas, il palabrait ? Ah bon ! Il y a eu un combat avec ses sbires sur la grande place du village, et l'homme à l'intérieur de son refuge,leur donnait des ordres en criant du genre « attrapez- là ... Ne la laisser partir »mais agitée comme j'étais, ils cherchaient à m'immobiliser en essayant de me saisir les jambes et les bras, je les attaquais comme une lionne qui protège ses petits mais c'est peine perdue !Alors,ils ont utilisé des teasers, j'ai cru vivre le dernier moment de mon existence. Dans le même temps,je vois un animalaux poils noirs etmonstrueux qui a l'air d'un chien inachevé, sûrement une desbête des enfers ? Couchéesous unlourd et épais rideaux d'un rouge Bordeaux,riant à pleines caninesen se tordant bêtement, le mot est juste ! Cela m'énerva à un point tel que me demandant : « Comment m'en sortir de ce piège »J'ai dû solliciter l'aide l'archange Michel loin de moi ou proche de moi, je ne le savais pas, parce que je ne le voyais pas mais je sentais sa présence,qui me dit « Tu te débrouilles bien !». J'ai reçu une puissante énergie à ce moment- là qui m'a permis de briser et de décrocher les fils des différents teasers qui, enroulés autour de mon corps m'électrisaient douloureusement. Libérée,j'ai excellé dans la pratique du karaté digne d'unprofessionnel de haut niveau (les anges se déplacent à la vitesse de la lumière, plus rapide que l'éclair où que vous soyez, ils seront à vos côtés dès que vous avez besoin d'eux. Grâce aux frappes de ce sport de défense, je les ai mis KO. Je les ai laissés étendus sur les dalles de cimentde la place en inertie totale,proche de l'état comateux : Ho !Dieu de mes pères, sont t'ils morts ? Je ne sais pas... Un vent impétueux se souleva et me posasur mon lit. Ouf ! Mais... Où ais-je appris à faire du karaté ... le pouvoir de l'Esprit ma fille ! Le pouvoir de l'Esprit...

Les ennemis de l'humanitécherchent à me faire taireen me crucifiant commeJésus, collée ou plutôt aimantée sur un des murs de ma chambre, je me défendais avec la seule arme que je possède pour ne pas mourir est la Prière à Dieucomme faisait Jésus pour que je sois secourue. Satan profitant de mon désarroi et de mon trouble émotionnel, m'est apparudans une vision :Il défait sa veste pour me montrer des liasses de billets d'argent pour me tentersans que je vois son visage, une chose que j'ai refusée et je l'ai chassé « pas intéressée par ton argent, va-t'en au nom de Jésus! » Alors il s'en prend à mon argent gagnéà la sueur de mon front, pour se venger de mon impertinence envers lui, quel culot !De toute mon existence j'ai eu des problèmes avec l'argent qui disparaissait, des gens et des ouvriers me volaient mes outils, cherchant à me ruiner, tout ce que je faisais partait en décrépitude, puisdans la même vision, un ange de lumière descendu du Ciel se pose sur un nuage de lumière etme fit descendre une pièce spirituelle que j'ai rattrapée, me disant : « Prend ceci tu ne manqueras jamaisd'argent ni l'héritage de tes ancêtres et de tes pères. Administrativement, il est vrai que je n'étais pas en règle, je ne retrouvais pas mes documents et je tardais à ouvrir mes courriers par peur de ne pas pouvoir régler ma situation, cela jusqu'à ce jour ; car j'ai développé une phobie de persécution à cause les huissiersqui finissent par me prendre en pitié quand je parledes problèmes que je rencontre. Ils m'ont aidé à résoudre certains gros dossiers parce qu'ils connaissent ce genre de situation que je vis sur l'île.Sans un surplus d'argent à dépenser inutilement j'ai dû prendre un avocat. Le jour du RDV avec le Directeur général de ma Banque. Ce matin- là en faisant ma tournée. Stressée, tremblante c'est l'apothéose !A cause du Stress,j'ai eu un incident avec la voiture, dans ma hâte j'avais desserré le frein à main avant de la faire démarrer, ainsi en roue libre il me fut impossible de la stopper, je suis tombée dans un fossé rocailleux escarpé et très risquéà flanc de falaise, lorsdela descente sur une route pentue de la Basse-Terre,la voiture fut bloquée dans sa chute par un énorme rocher qui m'a sûrement épargné du pire. Sonnée, je suis sortie de la voiture en passant par la vitre brisée de la fenêtre de la porte du conducteur bloquée. Choquée ! C'est trop pour moi, mon cœur en tachycardie est sur le point de libérer mon esprit de missionnaire de mon corps liquéfié, je n'en peux plus,que mon Dieu m'aide, car je suis dans une impasse ! Tandis quele Temps passeet se prélasse sans vouloirstopper les tic- tac de la grande aiguille de ma montre, car macrainte serait de ne pas pouvoir honorer ce rendez-vousde la dernière chance ce matin, àplusieurs kilomètres du lieu de l'accident. J'ai fait appel à un dépanneur de la ville qui ne tarda pas à arriver, un cas rare ? Il fallait que j'honore coûte que coûte mon RDV aujourd'hui, malgré les quatre heures de retard à ma montre, mais je n'ai rien lâché ! La voiture est remontéenon sans peineen état de rouler Dieu merci, et me voilà repartie en trombe pour la Banque, sans prévenir le Directeur de ma venue, de peur qu'il refuse de me recevoir, alors j'ai préféré le mettre au pied du mur. Je ne faisais que pleurer en m'y rendant, j'ai créé desruisseaux de larmes sur la route de l'île pour yarriver à ma destination.Mais le Directeur m'a attendu et reçue sansme faire de remarquedésobligeante,c'est un bon signe, et le débat a pu commencer. La situation s'est peu à peu désengorgée ; car en réalité mon argent avait été bloqué par l'ancien directeur qui me compliquait la vie avec son avocat véreux, les deux refusaient de négocier avec moi, tout cequ'ils voulaient c'est vendre ma maison qu'ils convoitaient parce qu'elle est unique, c'est vrai, ce qui a créé de la jalousie !Dieu soit loué Le RDV s'est bien passé mais il est vrai que l'affaire ne s'est pas arrêtée- là. L'atmosphère est presque devenue amicale et cela m'a bien servie je l'avoue, parce que j'ai profité de cette baisse de tension en moi pour demander au Directeur en place,les nouvelles de l'ancien Directeur et de son avocat vicieux,qui m'ont fait voir des vertes et des pas mûres. Soudainement ! N'ayant rien compris ! Ce Monsieur me plongea dans une ambiancesolennelle soutenuepour m'apprendre le suicide de celui-ci « Eh oui le pauvrequand l'heure est arrivée il faut partir ... » je fus choquée malgré tout. Pour finir avec cette affaire mon Avocata dû saisir le tribunal pour débloquer mes fonds, la Banque a perdu le procès, et c'est au bout de plus de six mois que mon argent fut disponible. Ce sont des membres de ma famille et de mes amis aidants qui se sont occupés, puisqu'il me restait peu d'argent. C'est ainsi que j'ai profité du voyage via le Bénin que j'avais déjà payé ; car suite à cette histoire j'ai ressenti le besoin vital d'un retour aux sources « à la Porte du non- retour à Ouidah » loin de Cotonou la capitale, que j'ai bravé à l'instant où j'ai posé mon premier pas sur la route des esclaves, marchant sur les derniers pas des hommes livrés à la déportation. J'ai bravé« la Porte du non –retour » puisque j'y suis retournée. En larmes, Je me suis effondréeface à la mer à rendre un hommage à ces hommes privés d'humanité qui sont partis, à ceux qui sont morts sans dignité,à ceux qui ont été déracinés de leur Terre et qui ne retourneront jamais !... Jamais ! Puisqu'ils sont les oubliés de ceux qui sont restés ? Les rêves de liberté sont anéantis et le rideau noir contre la fraternité s'est refermé. L'appel du large me rappelle, je quitte le Bénin. Adieu

Après le procès : « Le juge m'a dit qu'il n'a pas compris quel était le problème avec mon dossier? » J'ai répondu, moi aussi ? ! Je résistais à toutes ces attaques de plus en plus violentes et je m'en sortais grâce à mon Dieu et aux anges de lumière plutôt pas mal, je l'avoue !Les êtres de la Nature et les esprits duvaudou Béninois me trouvaient trop gentille et très courageuse, oui, mais ... (ce sont eux qui m'ont dit que je revenais du Bénin ; carils le savaient, comme le monde est petit !) venaient à mon aide à chaque fois que j'essuyais undanger. Cet espritchefm'a dit qu'il s'agissait de deux démones folles furieuses contre moi par jalousie, bizarrement, le démon était plus souple avec moi,et que si je suis envie c'est grâce à lui ; car il m'aimait bien, selon les dires du démon! Comme quoi ! L'esprit Béninoisqui a opéré m'a jugé innocente et qu'il fallait qu'il agisse pour la justice divine : « Il pose la paume de sa main sur mon front dans un geste rapide, et je fus projetée en l'air pour retomber au moins à trois ou quatre mètres de lui sur le dos, j'étais consciente,prisonnièredu trou noir. Ma vie en pause j'entendais l'esprit me demander de revenir à plusieurs reprises, je répondais toujours « qu'ils me retiennent je ne peux pas ... » cela a duré un temps je ne sais pas trop, avant que jerevienne à la surface. Je suis revenue à moi légère et vacillante. En définitif je m'en suis sortiepas trop de mal,seulement avec la troisième vertèbre cervicale fêlée, je m'en souviens bienqui m'a énormément fait souffrir un temps ; la douleur s'est dissipéeau fil des mois pour définitivement disparaitre. Suite à cette chasse aux démons, n'ayons pas peur des mots ! Tout allait bien pour moi. Le trio de tueurs diaboliquesn'est pas revenu.

C'est suite à cette histoire que j'avais décidé de ne plus rien faire ; à quoi bon, puisque les invisibles de cette île ne veulent pas que j'y vive ?Je n'en pouvais plus ! Dieu face à mes lamentationsenvoya au- devant de moi le Chef de sa milicecéleste proche de l'homme dans une vision pour m'encourager : « Qui suis-je pour mériter sa protection et son accompagnement » parce que nous ne devons pas jouer avec le monde invisible? A ce stade de l'initiation, ce sera l'Archange Michel qui désormais s'occupera de moi pour les missions plus risquéesdans ces mondes avec des forces pas forcément maléfiques, dans le vrai sens du mot, mais qui seraient nuisibles avec des êtres à aider dont l'homme.

MON INITIATION SPIRITUELLE A L'ECOLE CELESTE

Pour ce que je me souvienne cela se passe ainsi comme toutes les fois que je dois me rendre à mon étude spirituelle, c'est à dire que Je ressens fortement le besoin de dormir. Un silence de Cathédrale règne dans la maison et au dehors. Allongée sur mon lit, prête à quitter le monde de la nuit des hommes pour rejoindre celui de la lumière des anges, mes paupières s'abaissent et mes yeux se ferment... Je ressens s'élever mon esprit qui traverser le toit de ma chambre pour s'évanouir dans l'espace. Je suis face à un mur de ciel uniformément bleu, une porte invisible s'ouvre (une porte que je n'aurai jamais trouvée seule) et je suis invitée à entrer par un être vêtu d'un habit blanc étincelante dans unesalleremplied'une lumière non éblouissante, je ne pouvais rien distinguer à l'intérieur ni voir de l'extérieur ce qui se trouve derrière moi... Et la porte du ciel se referme.
De retour dans mon lit, je souffrais de violents maux de tête. Mais je reconnais avoir acquis de nouvelles connaissances, car ce sont elles qui me provoquent ces douleurs, car pour que mon cerveau les enregistre, mes cellules spirituelles se dilatent et se multiplient pour recevoir ces nouvelles Connaissances qui sont lourdes. C'est dans cette Ecole céleste que je fus instruite par mon Dieu, enrichie de sa grande Sagesse et de sa justice, afin que je vive dans son havre de paix pour mon épanouissement, auprès de lui puisque j'ai pu élever par lui. Je me compare un peu à Jonas, toujours à rouspéter, toujours à vouloir arrêter mes missions outoujours vouloir rejoindre le Ciel, la réponse est toujours la même : Non, ce n'est pas le moment ! Mais mon troisième souhait est maintenu.

Je souffrais de douleurs abdominales à me rouler par terreparce quelque chose bougedans mon ventrecomme ferait un fœtus de quatremois ; une douleur atroce qui dure depuis un bon momentqu'aucun médecin humain n'arrivaità diagnostiquer parce que pour eux tout va bien, les radiographies et les bilans sanguins pratiqués,sont normaux ? Ne voilà- t-il pas que ce soir-là,se trouve êtrele jour où je souffraisplus que les autres jours. Il fallait que cela s'arrête aujourd'hui et maintenant ! Je me suis allongée dans mon lit les mains posées sur mon ventrebosselé, j'ai supplié le Ciel de me défaire de ce mal en gémissant. Il est Il est 20h45 à mon réveil, je baisse les paupières pour fermer les yeux et ... Je suis dans un bloc opératoire en présenced'un chirurgien portant une casaqueverte (comme je portais au Bloc ORL) penché sur moi, je ne voyais que ses yeux parce qu'il portait un masque, que j'ai jugé sympathiqueà l'intonation de sa voix, ce qui m'a rassurée. L'intervention commencée, je vois sortir un acabit de ratonslaveurs avec des petits, que jen'avais jamais vu, parce quenouvellement arrivée sur le territoire,sortir de mon ventre courir le long d'un muret accolé à un murà ma droite et disparaître à la vitesse de l'éclair. Sous le choc ! J'ai demandé timidement au chirurgien qu'est-ce que c'était, il me répondit qu'il s'agissait deracounes,des animaux sauvages cruels et agressifs protégés actuellement en Guadeloupe, qui vivent que dans les bois en bas du volcan de la Soufrière de Saint-Claude, ce que j'ai su suite à mes recherches. A mon réveil dans mon lit, je tâtonne mon ventre curieusement, puis je soulève le drap pour mieux comprendre ce qui s'était passé, surtout pour constater si il y a une quelconque présence de sang ou de cicatrices rien, juste une forte odeur d'antibiotique qui s'en dégage, mais étant infirmière moi-même,j'ai reconnu de quel antibiotique qu'il s'agi...j'ai remercié le chirurgien de m'avoir délivrée de ces animaux destructeurs (je sais qu'il me regarde et qu'il m'a entendu). A mon réveil j'étais guérie et la douleur avait disparue.Aujourd'hui je vais bien de ce côté-là !

Les maladies spirituelles qui me sont injectées ou ingurgitées par les agents des Ténèbresquand je dors, jeles rejettes ou je les vomies à chaque fois que je parle ; Des agents des Ténèbres que je vois sous la formed'un Serpent, d'un Bourdon noirou d'un criquet qui me poursuit sur la terrasse, etc... seront soignées et guéries mais certaines m'affaiblissaient durablement selon la gravité du mal souhaité, surtout quand il s'agitdedouleurs osseuses qui bloquent mes articulations, pour éviter de mener à bien ma mission. Parfoisje ne peux ni parler ni manger à cause du blocage de mes mandibules qui me font souffrir ;des paralysies des jambes à ne pas pouvoir me tenir debout et encore moinsmarcher ; des pertes de connaissance qui durent de longues minutes, suiviesd'un retour sans souvenir. Ce matin-là, j'avais un rendez-vous dans une Radio à Paris pour présenter mon premier livre, le rendez-vous manqué, je n'ai rien pu faire. C'est comme ça ! Je lutte pour tout.

Je mangeais peu et je dormais trop, cela était inquiétant ? J'étais dans un état de craintes et aux aguets, messens s'affinaientet s'amplifiaient mais pas à mon rythme, c'était rapide et très violent,que j'en tremblais intérieurement. Je souffrais de mon empathie qui s'était retournée contre moi, et que pour ma sécurité mentale,qu'il me fallait maîtriser rapidement, mais comment faire ? Tout vaà la vitesse de la pensée. Dépassée par les évènements, je suis devenue peureuse, sauvage, nerveuseet fragile psychologiquement à cause des données que je recevais, mais sans pour autant que je perde « le Nord » ;car je savais malgré toutque ce que je vis est réel. Mais face aux évènements nouveaux, je ne pouvais pas analyser les autres pensées qui se bousculaient dans ma tête et que je cherchais tant bien que mal à éliminer sans les intégrer, afin de soulager mon cerveau fatigué. Ces effortsdevenus trop lourds pour moi, ont faitbasculer mon destin et ce qui devait arriver, arriva ;car j'ai perdu pieds et ce fut la descente aux Enfers. Suite à cela j'ai sombré dans une grave et longue dépression presqu'à devenir unzombie. Très malade je fus prise en charge par mon médecin et ma famille sur Paris, j'écrivais beaucoup à être en transe sur l'Ordi. Ma famille s'inquiétaitdevant un tableauqui ne me représente pas. Je n'ai pas pu échapperà ma métamorphosesans chuter avec le vieil homme.Isoléeet nue sans boire sans manger en hibernationtotale dans le noir de mon ciel sans lune et sans étoile, durant plus de 6mois dans une grotte souterraine pour m'épurer du mal. Le monde au-dessus de moi est parti avec le soleil que j'ai connu un jour. Il fait nuit noire ! Le vieil homme n'ayant pas pu échapper à ces changementsa chuté et est mort en moi, mais j'ai résisté.Ressuscitée dans mon monde intérieur de la lumière, je remonte à la surface amaigrie et faible, mais changée. Ma vision des choses changée,J'avais l'impression d'avoir du Laser à la place des yeux, parce que quand discutais face à face avec quelqu'un son corps se feuilletaitcomme un livre, et je voyais s'effondrer couche par couche tel un millefeuille les surfaces visibles de son corps, pour récupérer ce qu'il ne me dit pas, c'était troublant et effrayant. C'est pour cette raison que j'avaischoiside m'isoler chez moi loin de mes amis, pour normaliser mon don d'empathie amplifié. Je ne voulais voir personne ni sortir de la maison, parce que j'avais une crainte du dehors à cause des hommes- démons qui croiseraient mon chemin.

Toutes les attaques démoniaquesm'effrayaient ; car elles sont inattendues et inconnues. En état d'éveil, j'entendais ce que disaient des gens à plusieurs kilomètresd'où je me trouvais. Je savais quand une personne viendrait mevisiterou qu'un ami avait des problèmes chez luij'entendais leurs disputes comme si j'étais près d'eux, tout en conduisant ma voiture. C'est à travers de ce X Pouvoir qu'un matin, je me suis entretenuealors que je jardinais, avec le journaliste privé du Pape me demandant de le contacter « je lui ai répondu que cela fait uncertain temps que je suis dans ce monde , une présence qu'il estcensé savoiret qu'il ignore apparemment ? Je ne suis pas venue précisémentpour lui, mais pour les âmes de mes frères emprisonnées quelque part dans l'astral ou dans le séjour des morts, et de parler aux hommes de la terre de la dangerosité du monde des espritspour qu'ils s'en préservent ... » Mais ils m'écoutent sans vraiment y croire ?

J'ai lutté physiquement ouen esprit avec quelques -uns, je ne puis vous le confirmerparce que je ne suis plus moi-même parce que remplie du Saint-Esprit, c'est l'esprit qui me représente,parce que mes ennemis sont grands de taille,puissants en force, en pouvoirs, en ruses et en Intelligence spirituelles, toutce que l'hommesimple n'est pas,donc il ne peut se confronterà arme égal à euxmaiss'il prend le risque, il mourra. Mes ennemis sont impuissants face aux pouvoir du Saint-Esprit. N'empêche que mon être astral et mon esprit humain reçoiventdes coups qu'ils ressentent fortement au moment de l'acte (fusil, épée, etc.) et que je me sens mourir. Je ressens encore les douleurs à mon réveil et je vois des petites étoiles dorées au-dessus de mon visage, c'est très beau !

Il faut que je sois accompagnée d'un ange, mais si vous être un être spirituel votre Aura brillant,les empêche de voir à travers elle il ne faut pas avoir peurdes invisibles parce que vous serez vulnérables, ayez confiance en vous ; ils ne vous attaqueront jamais sans motifsauf si vous pénétrez leurs territoires sans l'accompagnement d'un ange de Dieu ou que vous êtes mêlés dans une affaire louche avec eux,sinon la race humaine n'existerait plus même après la Genèse, n'est-ce pas ! Rappelez-vous qu'ils sont là dès le commencement, bien avant l'homme ! Parce qu'il faut que vous ayez une partie noire d'eux en vous pour qu'ils prennent l'avantage sur vous. Ce que dit Jésus est valable pour nous peuple de Dieu. Il nous aprévenu de la descente de Satan sur la terre disant : « Que le prince de l'air est puissant,une qualité chez lui qu'il n'a jamais nié ; il dit aussi qu'il n'a rien de Satan en lui (Il parle du Péché). De quoi avez-vous peur ? Dit Jésus à ses apôtres. Parce que la peur vous fait perdre vos moyens, etce sont vos réactions inappropriées ne correspondant pas à la situationqui vous feront perdre la bataille, faites très attention à ces choses.Parce que quoi que l'on dise ou que l'on pense, Satan récupère leshommes faibles, les incrédules sans instruction, les méchants nés, etsurtoutceux qui n'ont pasl'Intelligence des choses de Dieu ni laConnaissance des lois divines, pour les besoins du monde des Ténèbres et ceux de ses sorciers. Ils tentent les chrétienspourles embrigaderet grossir ses troupes, comme il a essayé de le faire avec Jésus dans le désert et en vision avec moi en me proposant de l'argent, mais il a échoué ; car j'ai tout reçu avant mon arrivée dans ce monde, sanctifiée par la vérité de Dieu. En réalité Satan craint le chrétien qui possède le Pouvoir du ST-Espritqui est sous le couvert de Jésus parce que le chrétien a donné sa vie à Jésus ; car s'attaquer à lui c'est combattre le pouvoir de Dieu et celui de Jésus son fils, une actionimpossible à menerpour Satan. Mais en ce qui concerne les entités plus faibles, vous possédez en vous naturellement le pouvoir de chasser certaines d'entre elles sans l'aide du Divinsi vous avez la foi,mais toujours à condition de n'avoir aucune affaire trouble entre vous,sinon elles ne vous toucheront pas, parce que voyez-vous ?Elles vivent bien leur vie sans vous. Demandez à votre Père puissant qu'il vous donne tout ce dont vous aurez besoinpour la construction de son Royaume sur la Terre, avec la participation des êtres de lumière, tout en sachant que Dieu n'exauce pas les pécheurs qui ne sont pas repentis. Il faut que vous soyez très prudents dans certaines situations face à l'invisible avec les paroles qui sortent de vos bouches à cause des ruses et des piègesdes esprits malins qui risquent de les utiliser contre vous, parce que ce sont vos motsqui vous condamneront à l'heure du jugement. Restez le maître de vous-mêmes.

Quand ils me laissent tranquilles, je profite pour vaquer à mes occupations, comme pour m'occuper des fleurs du jardin voirepasser du bon temps avec mes amis. Tout devient calme un temps.Un temps pour prépareret affiner sûrement, leurs méfaits !C'est toujours ainsi que les esprits démoniaques agissent, et puis un beau jour ils vous tombent dessus. Surpris vous êtes dépourvus de vosbons réflexesvous vous emmêlez les pédales alorsvousfaiteset ditesn'importe quoi ; surtout quand votre foi n'est pasaffermie et que la peur s'y mêle. C'est dans ces moments de hautes tensionset d'emprise que vous oubliezde chercher de l'aide auprès du Père, c'est ainsi que les esprits prennent possession de vos corps pour habitat ou un moyen de transportainsi quede votre domicile, mais vous devez défendre ce qui vous appartient ! C'est une des ruses de Satan malheureusement,qui marche ! C'est pour cela que le Seigneur Jésus vous exhorte à prier et à veiller sans cesse, ainsi comme cela vous serez toujours prêts. Quant à moi je prie où que je sois, afin que s'éloignent de moi les esprits du Mal avant d'arriver à ma destination que seuls les anges et Dieu savent.

J'ai gagné au fil du temps en autorité avec plus de confiance en moi parce que j'avais compris qu'au final que je n'ai jamais été seule dans ce monde, c'est vrai ! Mais il fallait sauver de la mort spirituelle mes frères de lumière et porter assistance aux personnes qui ont besoin de mes conseils pour chasser les démons- humains, les esprits de morts et les esprits impurs qui vous suivent où que vous allez, dans l'attente de la moindre faille de votre part, pour vous condamner après votre mort, devant Jésus, ses anges et l'Archange Michel ;je ne suis pas épargnée,loin de là ! Mais,possédant le discernement des esprits je reconnais les ruses et je les chasse, mais c'estsurtout à leurs odeurs mémorisées qui me signalent leur présence. Il faut toujours être prêt, car Satan s'en prend auxchrétiens pour se venger du Père, il a le droit de tout lui prendre matériellement, sauf sa vie.

L'homme astral en moi (mon double)pour effectuer son travail, sort de mon corps conscient de sa mission pour soigner et guérir les enfants de Dieu, je dis bien les enfants de Dieu atteintsde maladies spirituelles. Ils bénéficieront des meilleurs conseils pour leurs problèmes physiques, ils seront dirigés vers un spécialistecompétant que Dieu choisira pour eux, tout cela sous la protection des anges guérisseurs partoutdans lemonde. Dieu a bien établi les röles : Le médecin homme du monde soigne le corps physique, il a les capacités que Dieu lui a données comme à nous tous,maisil est instruit par les expériences des hommes, c'est pour cette raison qu'il est confronté a des erreurs médicales, quand Dieu n'est pas avec lui ? Tandis que le médecin des corps spirituelssoigne vos âmeset chasse l'esprit en vous qui n'est pas de Dieu. L'homme spirituel ou l'homme de Dieu est instruit par Dieu lui- même et est enseigné par Jésus. Mais l'homme n'a toujours pas compris qu'il ne peut pas réussir sa vie sans Dieu à ses côtés.

Je me souviens d'une vision qui me fit bondir du lit, en 2008 il y a plus d'une dizaine d'années environ, c'était un jeudi : je rentre dans une grande salle remplie de personnes qui semblent discuter d'un thème communavec un verre à la main. On dirait une salle de réception ou de réunion ? Je traverse la salle, et je fus attirée par une grande affiche tout en couleuraccrochée au-dessus de mon regard, sur laquelle il est écrit : VOICI Magasine en titre,suivi d'une annonce qui parle de moi, disant que je vais mourir en 2018 ; prise de panique, je cris en disant « je ne vous ai rien demandé » c'est un homme brun etmince assis sur une chaiseles jambes croisées derrière moi avec un journal à la main,qui me répond : « Mais non... ce n'est pas cela ! ». L'homme n'avait pas l'air inquiet. Mais avec du recul, je pense que j'aurai dû écouter ce qu'il avait à me direà ce sujet ; car il semble bien connaître les bouts et les aboutissants de cette vision ? Mais, c'est ma mort annoncée qui a décroché mon esprittroublé, sortide mon corps ! Les années passent, et je prends à cœur les missions que je me dois accomplir à mon échelle de puissance, pour plaire à mon Dieu touten étant protégée des attaques des esprits de l'air, par les anges protecteurs qui veillentà mon ascension,car je dois veiller à cela ? Un matinà mon réveil, rien ne va plus, je suis faible, même très faible pour sortir du lit, je n'arrive pas à tenir sur mes jambes quand et quand je force,je tombe.Pour monter les escaliers, c'est à quatre pattes que je le faisais car J'avais du mal à respirer,alors ! J'ai choisi de retourner dans mon lit convaincue qu'avec un peu de sommeil de plus, j'irai mieux. Ceci fait, J'ai dormi ce jour-là jusqu'au lendemainsans douleur. La nuit passée sans vision et sans le souvenir d'un rêve. Le lendemain au réveil, je me sens mieux, je dirai même en pleine forme ! Car les signes symptomatiques d'hier ont disparus. A ce moment-là. Je me prépare afin de me rendre au service des Impôts (cela fait rire mes amis) récupérer des documents importants pour la Vente de la maison(et quitter le pays le plus rapidement possible sur les conseils de l'ange qui me dit, qu'un mals'abattra sur l'île bientôt et je serai en danger). Subitement, arrivée au guichet de l'étageconcerné: je flotte, j'ai l'impression que mes pieds ne touchent pas le sol, mon esprit me quitte, ma vie s'efface, je meurs ? Je perds connaissance etje me retrouve aux urgences de l'hôpital de la Basse-Terre : Je fusprise en charge par lesurgentistes longtemps après parce que les pompiers avaient mal rempli leur fiche, enfin bref ? Hospitalisée, je subis une série d'examens sanguins dont une échographie cardiaquequi révèle une insuffisance cardiaque avec un gros cœur (j'aurais préféré un grand, mais bon, on fait avec ce qu'on a !) et que le ventricule G, gêné par un gonflement mitral vascularisé présente dans le cœur, le sangaura du mal à passer dans l'oreillette. Le temps que le cœur règle son problème avec le sangqui joue avec le gonflement de chair vascularisé, c'est cela la cause de mes longues pertes de connaissance. J'ai entendu tellement de choses ce jour-là mais je reste stoïque et je dessine le schéma du cœurvirtuellement dans ma tête grâce à ma vision intérieure,je suis attentive àtout ce que me dit le cardiologue. Ma réaction a étonné le médecinmais je ne lui ai pas dit qui je suis?Je vous l'explique comme cela ; le risque serait l'arrêt cardiaque (ou mourir en dormant).Pendant ce temps un autre cardiologue adéjà averti ma famille sur Paris pour lui dire que mon cas est grave, et qu'ils envisagent une intervention chirurgicale sur Pointe à Pitre la Capitale de la Guadeloupe, ce que j'ai refusé catégoriquementpour des raisons familiales ?En attendant, un autre cardiologue me posa un stimulateur cardiaqueun Pacemaker pour me permettre de voyager dans la semaine sur Paris ? Là maintenant ! Ah bon ! Ils ont contacté deux cardiologuespour prendre une décision adaptée à mon cas qu'ils trouvent grave, parce qu'ils n'étaient pas d'accords avec l'urgence des soins qu'ils devaientme prodiguer et moi aussi, bien entendu ! OH LA LA !Ça commence bien à ce que j'entends ? Qu'elle histoire ! Mais, c'est que j'avais des choses à faire moi ! Enfin bref, trop long à raconter. Parce qu'il y a eu l'épisode des clés perdues de la voiture, à quelques mètres hors de l'entrée du Centre des impôts, retrouvée par un homme que je ne connais pas. Cet homme rencontre par hasard un bon ami à moi, àqui il lui parle des clés qu'il a retrouvéset les montre à mon ami qui les reconnait aussitôtet les récupère des mains de son ami (car cela arrivaità mon ami de conduire la voiture). De mon côté à l'hôpital, j'appelle mon ami pour lui parler de ma mésaventure et lui demander de récupérer ma voiture dans un terrainlibre et sans lumière,en dehors de l'hôpital. Je lui demande de venir récupérer lesclés à l'Hôpital,c'est à ce moment qu'il me répondqu'il les a. Comment ça ! Il me raconte l'histoire des clés qui me pousse à vérifier ses dires clésdans mon sac : Pas de clés ? Je ne percute pas tout de suite. Pourquoi ? Parce que mon ami ne savait pas que je suis hospitalisée il y a déjà trois jours et que j'avais rejoint le CHBT dans les vapespar les pompiers, à cause de mon cœur, il pensait que j'étais chez moi, tranquille ! Car lui-même n'a rien compris à histoire.Je m'arrête là ! Mais l'épisode continu puis... J'ai récupéré les clés. Mais il est vrai que ce genre d'ennuis n'arrive qu'à moi ! (Sourire).

2018 Bien des choses miraculeuses se sont réalisées à propos de cette intervention sur l'îlequi m'inquiétait parce que j'allais sans doute mourir prématurément, c'est à ce moment queje me suis rappelée de ce qui était écrit sur l'affiche du magazineVOICI et de l'intervention decet homme. Aujourd'hui, je remercie l'homme du Magasine de VOICI qui a tenté de me rassurer(sourire).

Vous vous doutez bien que ce **que je vis sur la terre au quotidien parmi vous, ne s'arrête pas àces écrits**-làmalheureusement ! Je ne peux pas vous en dire d'avantage ni comment vous noterles nombreuses et diverses missions que j'ai effectuées, d'autant plus que je n'y arriverai pas parce qu'elles sont nombreuses. C'est beaucoup plus complexe qu'il n'y paraît parce qu'il y a des choses que je ne dois pas vous dévoiler pour le moment : 1°) Parce que vous n'êtes pas prêts à les entendre. 2°) Encore moins à les comprendre. Ne soyez pas tristes pour les difficultés que je rencontredans ma vie, ni dans mes moments de frayeurs qui s'oublient. J'ai de l'humour à en revendre avec les anges qui sont aussi drôles que redoutablesetavec mes amis. Après chaque mission je me tourne vers le Père pour son aval sur un sujet traité, lui parler de mes erreurs,pour dissiper mes angoisses. Dans le monde qui a vu naître mes pèresen Israël, et moi-mêmeà Jérusalem ! Des noms qui réveillent en moi un tumultueux sentimentNostalgique parce que je lesvois d'où ils sont. Je dirai que ma vie estfaite d'actions et de souvenirs, alorsje vousles classe selon leurs réminiscences dans mes pensées, mais pas dans un ordre précis, un travail impossible par moi, difficile à réaliser parce que je ne peux pas quantifier le temps que je passe avec les esprits et les anges dans l'invisible et l'homme.Ma vie est réelleet horsdu commun !Et plus encoreque je ne peux l'expliquer, mais je sais qu'elle n'est pas si différente de celles des prophètes qui ont vécusavant moi, dece que Jésus a subi avec ses apôtres chrétiens et ceci jusqu'à la fin du monde. J'aiune vieremplied'actes dans laquelle je neconnais pas l'Ennui ni la Solitude ; car c'est dans le silence que j'entends la voix des anges et de mon Dieu, cela est l'un des grands privilèges pour la chrétienne que je suis.

Sur la Guadeloupe j'ai été victime de plusieurs accidents de voiture, mais cet accident dont je vous parlerai, je fus protégée par un géant reptilien marron et vert que j'ai vu en vision lors de ma sieste de l'après- midi. Je me souviens encore de ce jour, c'était un mardi il pleuvait à torrent et la route était couverte d'eau des caniveauxbouchés :« C'est comme à travers d'un écran de télévision, que je voisle reptilien proche d'un dragon sans feu,poser ses deux pattes avant(ou mains je ne veux point l'offenser) sur ma colonne vertébrale des lombaires jusqu'aux cervicales, comme s'il me posait un produit protecteur, contre quelque chose mais quoi ? Et le Quoi ?Ne tarda pas à arriver. J'ai vécu ce grave accident de voiture qui a nécessité la présence du SAMU qui m'a réanimé après que les pompiers m'ontdésincarcéré du tas de ferrailles de la voiture. J'avais ma ceinture de sécurité en place, les deux jambes sur le volant,le corps presquepliéen deux la tête coincée entre le siège et la porte du conducteur. Ma trousse de soins est tombée à quelques centimètres de ma tête dans laquelle a glissé un bistouri pas très loin de mon œil. Ce n'étaitsurtout pas le moment de bouger la voiture qui est sur le point de basculer sur des habitations en bas de la route et dans la mer. La tête toujours bloquée entre le siège et la porte, je risque de perdre mon œil, ma colonne vertébrale etsurtout mes cervicales sont en danger ? Ily avait des badauds autours de moi dont beaucoup de curieux ; car je les entendais parler, mais c'est à la voix,que j'ai su que c'est une femme qui a attraper le bistouri sans la gaine prêt à être utilisé ; elle me tenait la main et je l'entends dire : « elle est morte ». La voiture fut réformée. L'Urgentiste me parla de miraculée ! J'ai revu en esprit le reptilien sur le lieu de l'accident qui s'est sauvé à l'arrivée du SAMU,à travers les bois quand je fus prise en charge par le SAMU, sans séquelle grave. Ma voiture réformée, j'ai dû m'en acheter une autre. J'ai subi cet accident pour éviter d'être aspirée par une spiraleinter-dimensionnelle qui venait du ciel vers moi sur la route, j'ai suivi à ma gauche le virageet ce fut l'accident, je fis plusieurs tonneaux pour éviter une maison en plein virage. Tandis qu'un menuisier m'attendais à la maison. Il est vrai que je n'ai pas pu éviter cet accident parce qu'au-dessus de la mer, je vois que la Spirale Spatio-temporelle ou inter-dimensionnelleouvrirune porte en avançant au-devant de moi prête à nous aspirer la voiture et moi. Prise de panique par cette soirée orageuse, j'ai pris le virage à ma gauche pour éviter d'être transportéesla voiture et moi, je ne sais où ? Ce que c'était, je ne l'ai jamais su pas même en vision? Pour conclure j'ai été hospitalisée légèrement blessée et porté une minerve pendant un mois à cause des douleurs au niveau des cervicales. La voiture fut réformée ce soir-là…

Une femme proche de moiet de mon ami, a tenté de m'empoisonner avec un poison violent, lors de sonanniversaire Je la voyais diluer quelque chose dans un verre, tout en discutant avec d'autres personnes maisje n'arrêtais pas de l'observer ; puis elle me tend la boisson que j'ai à peine goûtée mais j'ai gardé le verre en main toute la soirée, quelque chose ou quelqu'un dans ma pensée m'empêchait de boire le contenu du verre ? J'ai passé le verre à l'ami qui m'accompagnait et qui me dit qu'il ne boit pas de boisson sucrée, du coup j'ai déposé le verre sur le plan de la cuisine, mais ce geste a rendu furieuse cette femme qui devait m'observeraussi. Afin d'éviter les embrouilles, l'ami et moi sommes partis, loin de nous imaginer que la mort se cachait dans ce verre. Très malade à en mourir dans la nuit, je fus sauvée par Saint-Benoît dans la même nuit qui me posa une perfusion d'un produit anti- poison ? Le lendemain, j'ai repris ma tournée en pleine forme. Mes patients m'ont trouvéravissante, vu ma nuit passée !!! Je n'ai pu que dire merci ? Dans la matinée, une femme du quartier que je ne connaissaispas plus que ça, envoyée par l'Esprit se présente à mon cabinet dans l'après- midi pour meconfirmer la réalité de ce qui s'est passé dans la nuit. Suite à cela je me suis éloignée de cette femme. Quand je pense à cette mésaventure mortelle dece soir- là ! J'ai froid dans le dos à la pensée que l'ami qui m'accompagnait a évité la mort.

J'ai connu des barrages dans mes affaires professionnelles dont des mises en doutede ma mission spirituelle appelée sorcellerie, que Dieu les pardonne... Et j'en passe. J'ai connu des tribulations que l'homme simple ne pouvait pasgérersans connaître la folie ou le suicide. J'ai vu la Mort dans toute sa cruauté face à face, mes yeux dans ses yeuxchargés de ténèbres mêlésau plus haut degré du venin de la haine qui l'abreuve ; un breuvage que l'humain ne peut boiresans mourir. Dire qu'il n'existe pas, cela ne regarde que celui qui le dit. Il est vrai qu'il ne se montre pas à tous les hommes, je vous l'accorde ! Mais il agit. Bien que ceux qui nient son existence au monde le connaissent très bien ? Je le connais ainsi que ses œuvres, c'est pour cette raison que je lutte pour l'éloigner de vous ainsi queses démons. Il faut savoir que dans le Domaine Spirituel on est seul,aucun humain n'est capable de vous secourir à ce niveau de puissance si le Créateur s'y oppose, car il en va de sa propre vie. Aucun humain simple, ne peut se présenter devant lui pour détruire ses mauvaises œuvres, il ne peut pas lui parler sans perdre la tête, maisle véritable chrétien quipossède le pouvoir du Saint-Esprit peut l'utiliser pourles détruire ou les annuler,si elles sont dirigées contre un enfant de Dieu. Grâce à mes prières et à l'assistance de l'esprit de Jésus dans mon cœur. Mon secours vient toujours de lui.

Je suis angoissée au moment où je vous écris, car il m'est difficile,voire compliquéde parler de ma vie d'ici- bas, mais mon âme attristée trouve toujours un refuge dans la Lumière de mon Père,et je redescends l'âme réparée prête à accomplir mes nouvelles missions. Mais, qu'importe !**De** toutes les façons, je saisque cela tournera à mon salut grâce à mes prières, et que Jésus Christsera glorifié dans mon corps. Voilà pourquoi je résiste avec le pouvoir du

Saint-Esprit,aux attaques démoniaqueset aux sorciers volants. C'est un avantage certain d'appartenir au Dieupuissant et éternel, le Dieu de mes pères que je glorifie et que j'adore. Je suis fière que mes pères sont aimés du Dieu Créateur et de ses anges, parce que je sais que je n'irai pas dans le Séjour des mortset que les flammes de l'Enfer ne brûleront pas mon âme ni mes ailes d'ange. Jevous dis qu'il n'est pas difficile de suivre les voies ni les lois de Dieu ; car ce sont les péchés du monde qui vous font le croire et que vous devez combattre fermement avec l'aide de Dieu, car c'est possible. C'est par la force de ma foi, la puissance de l'Esprit dans ma tête et de l'esprit de Jésus dans mon cœur, qui me font espérer une vie d'enfant de Dieu, ainsi que pour ceux qui avaient rejoints Satanà cause des condamnationset des malédictions,qu'il a notées dans le livre noir avec le nom de ces hommes. Ces hommesse repentiront et seront sauvés par Jésus, afin deretrouver la liberté, le bonheur mérité et la vie éternelleauprès du Père et de son fils Jésus ; car Dieu traite ses enfants avec bienveillance. Il ne souhaite pas la mort du méchant, ce qu'il souhaite c'est qu'ilchange de conduite, Il souhaite qu'il se repente, et qu'il ait la foi en Jésus son fils, il souhaite qu'il revienne à lui de son plein gré pour qu'il soit pardonné et sauvé. Dieu répond toujours aux demandes spirituelles de ceux qui travaillent dans la lumière et pour la Lumière. Il ne répondra pas aux ambitions personnellesde l'humain. L'humain demande avec agressivité etautorité avec un langageirrespectueux ; carpour lui, c'est le devoir d'undieu,qu'il considère être inférieursà lui à sa façon de s'adresser à lui ?? Il recevrad'eux, mais que du malheur parce que ce ne sont pasdes dieux, mais des espritstrompeurs qui attendent patiemment, un retour de lui. Mais cela ne marche pas comme ça avec le Véritable Dieu, sans qu'il ne soit foudroyé par les angesarmés du Seigneur. Pourquoi un tel comportement ?Parce que dans sa tête chargée de ténèbres avec un cœur noir, c'est l'image du Dieu éternel qu'il voitet qu'il méprise. Il ne fait pas de différence entre Dieu et ses dieux parce qu'il estdu côté obscur et qu'il est spirituellement mort; c'est un esprit démoniaque en colère qui parle à sa place. Ne faites pas d'amalgame. Mais bon ! Restez calmes, ne cherchez pas à défendre le Père ni Jésus, ils n'ont pas besoin de vous pour cela parce qu'ils savent de quoi sont capables les esprits du mal etqu'ils savent les punir,car il est leur Créateur. Ces esprits agissent par ruses chez l'humain, parce qu'ils connaissent sesfaiblesses, ils savent aussi que c'est l'humain qui risque de gravesennuis.Le Seigneur sait d'avance de quoi vous avez besoin. Demandez à Dieu au nom de Jésus (ceci est écrit dans la Bible)tout ce qui vous apportera une aide utileà la réalisation de son Royaume sur la Terre ; c'est cela le grand idéal de tout hommequi travaille pour la Lumièreetavec la lumière, d'espérerdevenir des fils et des filles spirituels du très hautpour préserver l'Amour sur la terre, afin qu'elle soit un jour le reflet du Ciel souhaité ; cequi contribuera à la paix et à la tranquillité des âmes qui souhaitent évoluées. Ne demandez pas aux esprits malins qui vous tromperont. Veillez attentivement sur votre âme tous les jours de votre vie sur terre jusqu'à la fin.

NOS ENNEMIS INVISIBLES

Ce sont eux qu'il faut combattre etrepousser spirituellement comme l'a fait Jésus, qui encourage ses apôtreset vous chrétiens à faire les mêmes choses que Jésus, pour ne pas devenir les proies des Ténèbres et des sorciers ; l'apôtre Paul dit aussi : Soyez mes imitateurs. J'entends des hommes crier haut et fort qu'ils sont chrétiens, je veux bien ! Car ils sont libres de faire ou de dire ce que bon leur semble. Mais Jésus connait ses apôtres ! Aucun de ceux qui parlentde la foi chrétiennen'est capable de faire les mêmes choses que Jésus, à ce jour : Auront- ils perdu la foi, sont-ils tombés dans le piège de Mammon ou autres ? Vous savez ce que Jésusa fait, alors mettez-vous au travailet cessez de vous plaindre, cessez de vous apitoyez sur votre sort et de rabâcher toute la Ste journée que Jésus a dit que Jésus a faitci, que Jésus a fait ça ... Et vous ? Qu'avez-vous fait et que faites-vous en ce moment pour réparer ce que vous avez détruit?Dieu n'aime pas l'homme faible qui parle beaucouptrop pour ne rien dire pour paraître intelligentetne fait rien de ses deux mains,et qui ne compte que sur l'homme, mais l'homme qui travaille pour son salut et l'avenir de l'humanité.

Quand vous serez devant leTribunal de Jésus, il ne vous demandera pas ce qu'il a faitpuisqu'il le sait, car c'est bien lui qui œuvrait avec le Père ?Mais ce que vous avez fait pour les âmes de vos frères qui sont encore dans le monde et pour la protection de la Nature ? Je fais un rappel à mes frères chrétiens :Vous êtes les guerriers de la foi, les soldats de Jésus pourla protection de son Royaume et poursuivre l'enseignement de l'évangile de Jésusà la nouvelle génération pour sauver les hommes qui sont de Dieu et avec Dieu. C'est pour cela que Jésus est venu lesenseigner sur les choses du Ciel en faveur de l'Humanité.

- Il nous a appris à prier
- Il nous a montré comment utiliser les armes spirituelles
- Il nous a fait connaître le vrai Dieu pour s'approcher de lui et lui plaire
- Nous avons reçu de Dieu des dons spirituels et du Pouvoir du Saint-Esprit
- Avant le départ de Jésusil dit qu'il ne nous a pas laissés orphelins, parce Dieuenverra à notre aide le « Consolateur » qui nous rappellera ses paroles pour éviter de commettre un péché grave parce que l'homme oubli et que Satan est puissant et qu'il veille au grain!
- Aux chrétiens, il nous a donné le droit par la puissance du St-Esprit, de lier des choses sur la terre qui seront liées dans le Ciel et de délier les choses sur la terre qui seront déliées dans le Ciel. Avez-vous compris l'importance des pouvoirs que Jésus donna aux apôtres chrétiens ! Le chrétien est la représentation de Jésus lui-même formépar lui pour faire les mêmes choses, car celui qui croit en lui fera de plus grandes œuvres que lui: C'est lui qui le dit, pas moi !
- En ce qui concerne le Pardon, Jésus dit aux chrétiens : « Recevez le St-Esprit en soufflant sur eux. Ceux à qui vous pardonnerez les péchés, ils leur seront pardonnés : et ceux à qui vous les retiendrez, ils leur seront retenus. A nous chrétiens, il nous a dit

que dans les derniers temps qu'il y aura des guerres, qu'un pays se soulèvera contre un autre pays et de ne pas nous inquiéter,

Cela fait plus d'un demi- siècleque je suis dans ce monde, inconnue de certains hommes de la terre qui me traitent un peu comme ils veulent ou du moins ce qu'ils croient ?Sûrs que leurs comportements envers moi est bien, sans pour autant savoir ce dont que je suis capable defaire. Maiscroyez-moi je n'ai pas tout accepté de l'humainquand même, ce que me reprochaient mes employeurs, me disant « que le client est roi patati...Patata, et que c'est moi qui ne le respecte pas surtout quand je dis des vérités, c'est difficile ! » parce que le plus souvent, ils ne savent pas qu'il est un humain/démon, mais cela m'était égal! Parce que je ne me laissais pas faire par un démon, sachant que je retrouvais toujours du travail ; car je savais qui il était. Quand cela allait au-delà de ce que je peux supporter, c'est moi qui démissionnais le plus souvent quand le lieu n'est pas sain, je le faisais savoir. Des réactions chez moi que l'apôtre Paul n'a pas eu etqu'il aconsidéré comme étant une faiblesse de sa part, chose qu'il a regretté dans ses Epitres, mais bon ! Il est vrai que je suis connue des esprits ; car vous pouvez leur demander ils vous répondront ? Le conseil que je peux vous donner est de ne jamais sous -estimer une personne qui est en face de vous qui ne vous répond pas. Au début de ma carrière j'ai travaillé avec des médecins des professeurs et des chirurgiens qui nous défendaient des clients irrespectueux souvent selon leurs maladies, ils les faisaient sortir ? Mais c'est fini. Ce sont les soignants qui prennent des sanctions, car la peur de perdre la clientèle les responsables des Hôpitaux privilégient l'Argent aux respects du personnel. Des comportementsqui m'ont poussé dans le libéral. J'ai vu et entendu ...

Satan et ses hommes- démons cherchent à faire taire la Vérité m'empêchant d'écrire ce que les anges du Seigneur me disent. Ils bloquent la vente de mes livres pour me décourager etruiner le plansauvetage des âmes de Dieu à l'égard de son peuple. Il est vrai qu'ils'agit d'une rébellionspirituelle pour égarer la multitude. Ces hommes cherchent à ébranler la foi de l'homme fait ou complet qui plait à Dieu, contreluiet Jésus qu'ils disent ne pas exister,dans le but d'entraînerun grand nombred'hommeavec euxdans le feu éternel préparé pour le Diable et ses anges. Enfants de Dieu priez sans cesse afin de résister aux forces obscures pour garder une foi ferme et solide en votre Dieu, et en Jésus Christ de Nazareth, je suis avec vous tous les jours de ma vie dans le Monde.

J'ai passé aussi un maximum de temps à lire leurs écrits et vu des émissions sur la Spiritualité et le Surnaturel. J'ai assisté à des débats sur le racismemajoritairementque je ne cautionne pas parce que je ne comprends pas lesraisons ? L'homme a un grand travail spirituel à faire en lui, pour lui-même et avec Dieu. Sachant que c'est Dieu son créateur. Qui est l'homme pour qu'il ose haïr certaines races de ses créatures, car on peut ne pas aimer une personne mais de- là à lui faire du mal sans qu'elle vous ait rien fait, c'est un outrage à la Divinité qui est un Dieu d'amour et de justice; car celui qui agit avec la haine dans le cœur, devra savoir d'avance que sa place est réservée en Enfer si toute fois il ne se convertit pas avant, sa mort;je fais partie de la communauté des saints et mon Dieu et ses anges, m'aiment parce qu'ils ont un nouveau statut pour moi quand je remonterai vers eux et que je serai avec eux. J'ai aussi visité des écritsde non-croyants quise disent croyants dansleursbouchesmaisnon avec leurscœurs ni dans leurs comportements « car il est écrit que le dire ne suffit pas, sans les œuvres de la foi à traversles travaux spirituels » car sans elles, croire ou ne pas croirene sert à rien ! Ces hommes osent parler faussement du pouvoir de l'Esprit,du rôlede l'esprit en l'homme,de celui de Jésus dans son cœuret du Consolateur, qu'ils ne connaissent pas à vrai dire, parce qu'ils ne lisent pas la Bible; car seul,un homme de Dieu ayant laConnaissance de Dieuet la Foi d'Abraham peut débattre dans ce Domaine avec devéritables croyants et de vrais chrétiensnon par des gens qui ne savent pas de quoi ils parlent, mais le plus triste est qu'ils sont écoutés par les humains, et qu'ils font le malheur des égarésdu peuple de Dieu dans le monde, car le tableau qu'ils font du monde est faux. Je suis choquée par leurs propos spirituels mensongers. Travailler dansle côté obscur n'est pas de la Spiritualité mais de la démonologie.

Il est clair que je n'ai rencontré aucun vrai chrétien ni de vrais croyants envers le véritable Dieu. Ces hommesutilisent des bribes de la Bibleavec un esprit de rébellion et d'arrogance pour vous faire croire à leur vérité en étant hommes de Dieu, ce qui est faux, bien évidemment ? C'est à l'homme de faire son choix, c'est vrai ! Pour moi, ceux qui ont choisi de ne plus croire en Dieu,sont probablement les égarés de son peuple sans qu'ils le sachent, qui sait ?Maiscomme ils ont été égarés par les responsables des églises Lucifériennes, parce qu'ils ont préféré écouterce que les responsablesde ces églisescherchentà leur faire croire à des choses qui ne valorisent pas le pouvoir « d'un Dieu ». Mais au lieu de chercher la Vérité de Dieu par eux-mêmes, ils ont préféré de tout abandonner, sûrement parce qu'ils n'ont pas reçu ce qu'ils pensaient avoir ? Parce qu'ilsne connaissent pas les pensées niles lois du véritable de Dieu ni l'emprise maléfique de Satan sur l'homme. Pourtant Jésus dit à l'homme de ne pas se fier à l'homme,et que le monde n'aime pas la Vérité de Dieu ? Mais ceux qui se disent croyants ne sont ni le sel ni la lumièredes hommes, et qu'ils ne sont pas non plus des exemplesà suivrepour les autres. Ces nouveaux non-croyantsvoient leurs mauvais comportements etles mauvaises choses qu'ils pratiquent dans le monde, etc. Je peux comprendrecela, mais ce que ces hommes ignorent,est que le responsable de ces religionsne leur a pas fait connaître le véritable Dieu ni le véritable Jésus et qu'elles sont perdues, parce qu'elles n'ont pas connu les évangiles de Jésus ni les Ecritures. Ne mettez pas votrefoi en l'homme mais en Dieu et en Jésus. Mais lepire est à venir, parcequ'ils risquent de perdre malheureusement leurs âmes à tout jamais, si ils ne reviennent pas au véritable Dieu, avant leur mort« cherchez et vous trouverez. JC» faute de n'avoir pas cherchéle véritable Dieu pour sortir la Vérité du Mensonge alors qu'ils ont les outils pour la faireconnaître. Parce que par la consolation que vous donnent les écritures que vous lirez aujourd'hui, vous posséderez l'Espérance du Salut, mais sachez que si vous n'êtes pas avec Dieu vous êtes avec Satan ! C'est l'un ou l'autre ; car il n'y a pas de demi- mesure dans les lois de la vérité Divine.

Ces responsables ne sont pas les chrétiens apôtres de Jésus ni des enfants de Dieu! Le chrétien est un nouvel homme qui suit les voies de Dieu, il est un apôtre de Jésus, un soldat de la foi ;il enseigne au peuplel'évangile de Jésuspour aider les hommes à faire un choix sans chercher à les pousser sur la voie de la Lumière, parce qu'ils ont le droit d'utiliser leur libre arbitre soit en faveur du bien soiten faveur du mal. Le chrétien possède des Dons et du pouvoir du Saint-Esprit qu'il a reçu de Dieu, tandis que lecroyant qui fait partie du peuple de Dieua reçu deDieu de belles qualités et de grands dévouements fraternelsenvers sa communauté, il connait les lois de Dieu et l'évangile de Jésus, et adoreDieu. Il aime à pratiquer de bonnes œuvres pour ses frères, etc.Dieuparle aux guides et aux prophètes élus, qui transmettent les messages et les révélations que Dieu donne pour nousles hommes et à nos enfants à perpétuité. L'homme a besoin d'un guide spirituelpour l'encadrer et pas d'un gourou sanguinaire, parce que quand le Seigneur a une révélation c'est au guide qu'il s'adresse, à l'élu nommé ou à un ancien chef de la tribu de la transmettre au concerné, à une des tribusou au peuple rassemblé pour leur communiquer les instructions de Dieu. En ce qui concerne le roi David, c'est au prophète Gad le voyant du roi, qu'il parlait pour faire connaître ses propositionsau roi David, il parlait au prophète Nathan quitransmettra son message au roi Salomon. La Parole de Dieu et l'évangile de Jésus sontmal enseignés, j'ose dire pas du tout, il y a au moins deux générations passées qui ont été privées du véritablemessage de l'évangilede Jésus, parce qu'ils ne lisent pas la Bible. Des hommes en parlent à leurs manières pour dresser un bilan négatif de ses lois dans le but de détourner les hommes de Dieu et de Jésus, de la voie Divineà laquelle ilsappartiennent. Le monde a changé c'est un faitet les hommes aussi, mais Dieu est le même. Ainsi, il y a des hommes qui ne connaissent pas leur Créateurni Jésus et ceux qui ne cherchent pas non plusà les connaître puisque pour eux,ilsn'existent pas ?

Oh ! Peuple de Dieu, je prends plaisir à savoir,qu'en dehors de l'éducationcivique et sociétale que vousinculquez à vos enfants,que vous n'omettrez pas de les éleveren parallèlespirituellement, le regard et les pensées dirigésvers le Royaume de Dieu et de jésus? Car, aujourd'hui c'est à vousles parents de les présenter à Dieu pour lespréparez à recevoir l'Esprit dans leurs têtesqui les instruiraet l'esprit de Jésus dans leurs cœurs pour protéger et soigner leurs âmes, en pratiquant l'Amour bien évidement. C'est à vous de les enseigner à chaque étape de leur compréhension intellectuelle maisà petites doses, puisque le système d'apprentissage est changé avec un rappel des connaissances spirituelles régulièrement. Apprenez les à louer le Seigneur, à prier avec vous, à suivre les voies de l'Esprit, ses lois et à obéirà ses instructions jusqu'à leur majorité et votre responsabilité s'arrêtera là, pour Dieu si vous leur avez tout appris; car ce sera à eux après,de choisir leurs orientations spirituelles le moment venu. Parfois, il estdifficile de respecter leurs choixsi vous les trouver mauvais, je sais ! Mais c'est l'esprit en eux qui gouverneleur vie et qui les instruit contre les lois de votre Dieu, un autre esprit que le vôtre qui estsoit de Dieu ou d'un autre dieu quicrée la division dans la famille? Ainsi,ils seront en désaccords avec vous. Il est vrai que se sont vos enfants, mais rappelez-vous que Jésus est venu mettre la division dans lafamille à cause des divergences ; car les ténèbress'acharneront sur votre famille. Qui refuse la liberté franchement?Vous ne les empêcherez pas, cararrivés à l'âge adulte, ils seront responsables de leurs âmes parce que personne ne peut sauver l'âme d'une autre personne si elle ne le souhaite pas même si il est un mineur. Dans les temps anciens, disons du temps de Moïse, Dieu a conseillé à son peuple de renouveler l'apprentissage de ses lois et de ses instructionsaux enfantstous les sept ans par les parents, par les Anciens des différentes tribus du peuple de l'Eternel afin qu'ils les gardent en mémoire et qu'ils ne changent rien aux ECRITS Bibliques.

(Seulement ! Jésus n'a jamais dit à la nouvelle Génération à son arrivée dans le monde, de ne pas suivre la loi de Moïse, il a modifié certains actesde la loi qui était trop durs pour être suivis par le peuple. Mais à ceux qui veulent suivre Moïse le fassent entièrement, parce qu'ils seront jugés par la loi et non par la grâce) Ainsi nenourrissez pas vos enfants pour qu'ils soientdes proiespour l'Ennemi ou pour être réduits à la servitude dans le monde des Ténèbres, parce que le choix de vie des enfants ne dépend pas de la foi des parents ; car c'est à eux de les faire connaitre Dieuen acceptant Jésus dans leurs cœurs.

Sinon ! Quel est l'esprit qui sera unsoutien et un protecteur dans la vie de vos enfants si Dieu ni Jésus ni les anges de Lumière ne les connaissent pas ? Que deviendront- t'ils et où iront- t'ils après leur mort physique ? Avez-vous pensez de la vie après la mort ?

UN RAPPEL

Adorer* est un verbe puissant réservé à la Divinité céleste qui ne doit pas être utilisé pour les choses de la terre ni pour l'homme sinon que réservez-vous à l'Eternel le Dieu de vos pères ? Vous adorez ce que vous ne connaissez pas, mais nous le peuple de Dieu nous adorons ce que nous connaissons ; car nous savons que le Salut vient de Jésus. Mais l'heure est venue où les vrais adorateurs adoreront le Père en esprit et en vérité, cela veut dire sans support(images ou statuettes...) Parce que les esprits du mal se cachent en eux ou derrière eux) mais avec foi ; car ce sont là les adorateurs que le Père demande. Rappelez-vous de l'Apôtre jean quand l'ange de Dieu lui montra les choses qui doivent arrivées, il tomba aux pieds de l'ange pour l'adorer. Mais l'ange lui dit : « Garde-toi de le faire ! » Je suis ton compagnon de service, et celui de tes frères les prophètes, et de ceux qui gardent les paroles de ce livre. ADORE DIEU.

Que celui qui est injuste soit toujours injuste, que celui qui est souillé se souille encore ; et que celui qui est sain se sanctifie encore et que le juste pratique encore la justice.

LE TEMPS EST PROCHE

Moi Jésus, je suis l'Alpha et l'Oméga, le premier et le dernier, le commencement et la fin. Je suis le rejeton et la postérité de David, l'étoile brillante du matin. J'ai envoyé mon ange pour vous attester ces choses dans les églises de Dieu (et ce n'est pas fait ? Pourquoi ?

Le retour des virus, les problèmes pulmonaires, le manque de Médicaments etc...des choses à venir que vous trouverai dans 2013. Mes grandes Révélations... Que j'ai écrit pour vous. L'avez-vous lu ? Si vous ne lisez pas, comment saurez-vous les choses du ciel.

QUI SUI-JE

Jusque- là, je ne sais pas qui je suis ni pourquoi je fais ces choses,pas pour moi-même mais pour mes frères d'esprits et pour les autres, ce fut mon erreur à cause de ma gentillesse ; des frères que je ne connais pas puisque je suis seule à agir, à unpoint tel, que je ne puisse plus distinguer le jour de la nuit et vice- versa. Ma clientèle est choisie et peu nombreuse malgré qu'elle fut volée par des collègues à qui je ne demandais aucune explication, parce que ceux qui me sont restés fidèles, me suffisaient grâce au Père ; car j'étais occupée à faire autres choses dans le même temps. Je donnais gratuitement des soins à celui qui ne pouvait pas payer, avec plaisir, et je portais assistance aux accidentés de la route nombreux sur l'île. En réalité le temps pour moi fut un facteur très important pour les décisions que j'ai à prendre pour accomplirmes missions, avant de quitter ce monde parce que je sais que je vais mourir et que mon temps de vie est précieux, mais les non –croyants oublient et ne se préparent pas à la mort qu'ils diabolisent et qu'ils trouvent injuste cela est à discuter avec le Créateur ?Je suis l'homme fait qui plait à Dieu parce que pas mes corps travaillent chacun de leur côté mais en symbiose avec mon âme. Puis il y a la loi du partage des informations et du savoir des hommes collectéspar des anges. Je suis à moi seule une trinité. C'est à moi d'équilibrerles forces cosmiques qui circulent autour de moi, c'est lourd, mais j'y arrive avec la force et le courage que m'envoie le Seigneur. Difficile à croire mais c'est une vérité à croire. C'est mon travaildans mes orientations choisies avec la conviction d'être sur le chemin du Bien et de la Lumière. Tout cela pour vous dire que Dieu et les êtres de lumièreme laissent libre, pour que je développe ma conscience humaineet que j'apprenne à devenir responsable de mes choix, en fonction de ma personnalité, de mon individualité et de mes Connaissances. Comme j'ai tenté de vous le faire comprendre au début de ma vie spirituelle depuis mon arrivée dans ce monde,que je ne suis pas une religieuse ni une simple humaine, je n'ai pas étéinstruite par un homme mais par Dieu, soutenue par Jésus ; ce qui fait de moi une âmeréincarnée d'un homme (ou d'une femme ; car le sexe n'existe pas dans le ciel de Dieu). Le corps ayant subiune première mort,l'âme est montée au ciel et est devenue un angede Jésus ; un ange élu par Jésus pour un retour dans ce Monde. Jésus me renvoya dans le mondedes humains, accomplir des missions terrestres pour le ciel et de vous parler de ce que j'ai vu et entendu. Mon seul regret est que je n'ai pas eu l'occasion de rencontrer des docteurs humains écrivainsou pas, et ceux qui se disent tout connaitre de la Spiritualitéont refusé de m'entendre en me raccrochant au Téléphone ?? Un retard important pour l'avancée de la Science des hommes sur la Terre ? Ce qui signifie que je suis un esprit libre, une vieille âme dans un nouveau corps charnel, et c'est une vérité. Suis-je la seule sur cette terre ? Je ne sais pas ? Parce que je n'ai aucun contact avec l'homme du mondepour mes missions spirituelles,mais avec les anges et les invisibles. Je dois m'occuper de mes affaires, mon combat de tous les jours, c'est à chacun sa vie ! Mon histoire est réelle, inédite sûrement ! Mais c'est la mienne. Je parle directement à Dieu et la voix me répond, ma foi me permet de discerner qu'elle est l'énergie qui me parle, parce qu'elle ne se nomme pas toujours, mais je reconnais les qualités de la voix, sans que je puisse vous l'expliquer ? Je ne possède pas les pensées de l'humain et le Bien de Dieu que vous dites faire, n'est pas le Bienque moi je fais, parce qu'il n'y a pas de biensans justification ni conseil. Mes pensées ne sont pas les vôtres, de même que l'amour que vous donnez à vos êtres chers n'est pas celui que je donne aux miens, non sans remontrance et correctionqui est le plus souvent mal reçue par celui qui les reçoit ; car l'humain sait tout, il a raison en tout et accepte peu les conseils qui nécessitent des efforts? J'aurai des choses à dire sur vos actions, centrées uniquement sur le confort du corps physiquequi se dégrade quand passe le temps ; un corpsqui est appelé à un retour à la terre, jamais compris à ce jour par les humains, mourir c'est devenir esprit comme le Père; un temps utiliséen vain parce que vous ne faites pas cas de votre corps astral ou l'homme esprit,qui vousquittera si vous ne le nourrissez pas ; vous serez seuls et tout ce vous entreprendrezcomportera des failles ; car l'humain ne doit pas agir seul mais accompagné des deux autres corps célestes ; car pour réussir il faut être au minimum deux, et sans l'utilisation de ces autres corps, il rencontrera des malheurs et des échecs, parce que sansprotection spirituelle les esprits des ténèbres et les autres ennemistravailleront à détruire ses projets.Mais je ne suis pas venue pour vous parler encore et encorede votre double astral (Voir le Mystère de la mort).

Le Seigneur et ses anges veillent à l'évolution de mes actions sans intervenir sauf en cas danger imminent. Des personnes inconnues s'approchaient de moi dans la rue pour me parler d'un de leurs difficultés au quotidien et principalement de santé, parfois je fais des guérisons dans la rue. Il m'est arrivé de passer toute une nuit au téléphone avec une jeune femme qui avait fait appel à moi pour un problème de saignements gynécologiques. Je l'ai visitée et pratiqué pendant trois jours une imposition des mains, aidée du Saint-Espritsur la zone qu'entretient le mal au niveaudes ovaires de cette jeune femme depuis des années,que des médecins humains n'arrivaient pas à enrayer. Mais dans la nuit du troisièmeetdu dernier jour, elle commença àsaigner de façon inquiétante. Elle m'appelle chez moi en pleine nuit dans une panique extrême pour me parler de son état. Je l'ai retenue au téléphone dans le but de la rassurerjusqu'au petit matin, en prenant soin de lui conseiller de voir son médecin traitant à la première heure du jour, ce qu'elle a fait et j'en suis heureuse. Elle me rappelle plus tard pour m'annoncer le diagnostic : Une grave infection urinaire ? Je veux bien ? Mais je sais qu'il s'agissait d'un problème spirituel.Depuis elle va bien, elle est guérie Dieu merci.Je pense souvent à elle.

Je donnais de mon temps, de l'amour, la lumière et la Paix de Jésus par compassion, leur demandant de s'approcher du Seigneur à travers la Bible et tout ira bien pour eux. Mais je me méfiais de ceux qui m'interpellaient en touchant une partie de mon corps (dos, épaule, tête, bras) surtout s'ils me sontinconnus, aussitôt par précaution je demande au Seigneur de me visiter pour détruire ce que la personne pose sur moi ou a puposer sur moi, avant que l'énergiedu mal ne me pénètre et m'affaiblisse, parce que la sorcellerie passe par là aussi,elle est très active dans les îles, mais il n'y a pas de raison d'avoir peur quand le Seigneur Jésus est assis sur le trône de votre vie. Il me voit et il m'entend.

Voilà ce que me dit Dieu : « Que personne ne pose la main sur toi pour te faire du mal » Méfiez-vous des gens trop tactiles qui posent la main sur la tête de vos enfants parce que ce geste transmet aussi bien la Bénédiction que la Malédiction mais comment savoir si vous ne connaissez pas la personne ? Alors-là est la question ?

De même, que le Seigneur m'envoyait,au-devant des sorciers pour les mettre en gardepour leurs pratiquesmalfaisantes contre les enfants de Dieuou des innocents,je précise que je ne fais rien de moi-même afin que mon acte soit validé, parce qu'il y a des lois spirituelles à respecter pour tout et dans tout, surtout pour leur propre protection mais si toute fois elles ne le sont pas, Dieu les avertit pour qu'ils détruisent leurs travaux occultesdirigés vers la victime,avant de les frapper de l'épéede la Justice divine ; car Dieu ne souhaite pas la mort du méchantc'est vrai,mais ils risquent la mort par Satan qui considèrera qu'ils déchaîneront la colère de Dieu sur le monde des Ténèbres, bien qu'en généralse sont ses sorciers ou ses démons qui le feront le travail. Mais veillez à de fausses guérisons (de plaies ou de maladiesorphelines parce que Satan ruse pour vous récupérer par défaut ; vous le savez bien depuis ! La personne ne sera pas guérie mais que le mal sera couvert sous un voile invisible le temps du contrat, parce que ces actes fonctionnent sous contrat etque le mal resurgira. Il faut que vous sachiez mes frères queDieu guérit tandis que Satan dissimule ses mauvaises œuvres, il les cache. Les sorciers profitent de votre argent et de votre ignorance, pour vous mentir. Mais, si toute fois que le sorcier fait une guérison, acteauquel je ne crois pas reste une erreur?Car une telle erreurpour Satan est préjudiciable pour l'accomplissement de ses mauvais desseins. En réalité Dieu ne souhaite pas la mort du méchant, il veut qu'il change de comportementet qu'il revienne à lui de son propre gré. Quand je délivre le message de Dieu aux malfaisants, ils sont déjà mis au courant par les esprits qui sont avec eux, ilsm'écoutent et parlent peu, au cas où ils le font, ils se montrent respectueux, inoffensifs et sympathiquespour vous faire parler de vous. Ils reconnaissent que je suis une envoyée de Dieu. Puis ma mission accomplie, chacun part de son côté avec une épée de Damoclès sur la tête. Parfois je me dirige en voiture vers un lieuinconnu, c'est quand j'y suis, que je délivre le messageau destinataire qui normalementm'attend, c'est comme ça ! Les sorciersrepèrent bien souvent la maison et ses alentoursle jour pour agir la nuit,etque surtout, ils ne veulent pas être vus des gens du Quartierlors du repérageavant de poser leurs sortilèges. Des sortilègesque je détruis le lendemain très tôt au nom de Jésus, mais je ne suis pas surprise parce que mon esprit voit. les responsables en vision. Je ne sors jamais de chez moi sans jeter un coup d'œil sur les terrasses, le sol et les alentours. Voyez-vous ! Il n'y a pas plus gentils ni plus respectueux qu'eux. Quand je les surprends, ils font mine de se renseigner sur une personne que vous ne connaissez pas, bien sûr ! Et qui n'habite pas le quartier plus ? Mais il y a un autre problème, les gens parlent trop, ils donnent trop de renseignements sur les autres qui causent des drames, il est préférable de dire que vous ne savez pas, car vous risquez de faire mourir cette personne dans ce cas,vous être coupables devant Dieu, de la suite ?

La nuit arrivée ou en fin de soirée,puisqu'il fait nuit très tôt dans les îles, ils reviennent invisiblespour poser leurs piègesou s'attaquer à moi sous couvert d'un animal : de rat, de souris, de chat, de chien, d'insectes, etc. Ils agissent parfois discrètement, mais ils sont souventsurpris de découvrir que mon 3ème œil ouvert (ma vision spirituelle)que je peux les voir même dans le noir et que les êtres de la Naturese soulèventà l'odeur forte de leurs produitset les font fuir. Même quand ils prennent les formes d'animaux, je reconnais qu'il s'agit de sorciers ou d'entités, comment me direz-vous ? A travers des comportements qui ne sont pas naturels. Suspect !? Alors je les chasse au nom de Jésus. Parfois ils reviennentplus tard, je l'avoue ? Mais j'arrive à les faire partir, parce qu'ils font parfois de la résistance pour m'effrayer, alors je hausse le ton pour marquer mon autorité parce que je suis chez moi et que c'est ma maison ! Comme je vous l'ai déjà dit, je n'ai point peur d'eux...

Je me souviens d'un jour à la fin de ma tournée du soiret que je rentrais chez moi, mais avant d'arriver, je devais passer par une croisée de quatre voies appelée « quatre chemins ». Arrivée au milieu du carrefour, s'y trouve un chaudron empaqueté d'un tissu rouge à la vue des passants, mais ce qu'il faut savoir c'est que la personne visée par le malheur vit soit dans les environsou que les esprits savaient qu'elle passerait dans ce carrefour pour l'atteindre au plus près, et les autres personnes touchées sont souvent des victimes collatérales. J'évite de passer trop près du paquet et je m'apprête à appeler l'archange Michel pour la destruction du sortilège. Je savais de quels esprits qu'il s'agissait. Ils étaient au moins deux dont une femme très parfumée sortie de la mer qui est venue me parler à la porte de ma voiture sans que je la vois, je lui dis : Qui es-tu ? Elle s'est présentée à moi poliment : « enchantée... Etc.J'avais déjà entendu parler d'elle. L'homme me dit : «Tu ne fais rien, ce ne sont pas tes affaires » car il sait qui je suis » Je lui ai répondu ok ! Du moment que tu n'es pas là pour piéger ma famille, mes amis ou des gens qui n'ont rien à voir dans cette histoire ? » Puis j'ai continué ma route, mais je savais qu'un drame arriverait, j'en avais parlé à une amie et à certains de mes patients qui croient à ce que je dis,mais bon ! Huit jours après, il y eu un accident très grave qui met en cause plusieurs voitures avec des morts.Il m'arrive d'arrêterdes malédictions dans les croisées des chemins,si je me sens concernéeou si je connais les personnes mais quand ces choses arrivent je suis toujours attristée quand cela se passe non loin de chez moi, parce qu'on ne sait jamais je peux faire partir des dommages collatéraux ? Car il y a toujours une solutionauprès de Dieu avant que ces choses arrivent. Ces malheurs arrivent parce que Dieu ne se mêle pas des mauvaises décisions que prend l'homme sans l'avoirpréalablementconsulté.

Il faut êtreinitié pour travailler avec la Lumière contre les agents des Ténèbres qui sont des puissances, ne l'oubliez pas ! Dieu ne stoppe pas l'homme dans ses délires s'il ne désire pas changerd'orientationquand il s'est trompé grâce à son libre arbitre qui est une demande de l'hommeà Dieu.

Il est vrai que je subis des attaques d'esprits des ténèbres mais certaines entités sont plus aptes à m'aider un peudans le quotidien. Par contre il y a des qualités parmi d'autreschez des esprits qui manquent à l'homme comme : La gentillesse (à temporiserchez lui,parce que Dieu ne nous demande pas d'être gentil mais d'êtrejuste) la politesse, lerespect des lieux saints. Bien que cela fasse partie de mes nombreuses qualités humaines! (sourire)

Des humains se disent exorcistes ouavoir le pouvoirde chasser les démons du corps de l'homme pour les renvoyer dans leurs mondeslesquels ? Et de parler aux morts(quisont en réalité, des esprits malins familiers ou étrangers qui ne vous diront rien, sur les choses à venir mais sur des choses qu'ils connaissent du défunt ou par des autres esprits. Ces esprits vous disent des choses qu'ilsprovoqueront eux-mêmesafin de vous convaincre de leur fiabilité pour avoir votre confiance ? Le pouvoir du Saint-Esprit vous permet de pratiquer un exorciste selon le démon sinon avec l'aide des soldats de Dieu ou de Dieu lui-même; les plus connus sont Jésus-Christ et ses apôtres chrétiens et sûrement d'autres dans le ciel ? Cesgens prétendent tout connaître sur les âmesdes défunts et les anges de lumière, c'est beaucoupje trouve pour des simples humains ? Mais je leur dis au passage queles corps célestesappartiennent à Dieu.En ce qui concerne les faux exorcistesqui ne sont pas chrétiens donc desnon-initiés par la Lumière ; car les démons sont de grands comédiens, alors soyez prudents avec vos dons si vous en avez ? Je reviens aux âmes que certains disent envoyerdans la Lumière quiest Dieu lui- même, c'est le Royaume de Dieu et de Jésus, à savoir que l'hommen'a aucune autorité pour faire des actes que Dieu interdit aux humains. Des interditsinscrits dans l'Evangile de Jésus, d'autant plus que vous ne connaissez rien de la vie de cespropriétaires ni les qualités de leurs âmes que vous croyez gérer pour intéresser la galerie de la peur ou pour fanfaronner pour faire croireà ceux qui les écoutent qu'ils ont des pouvoirs ?Pourrez-vous me dire dans quelle lumière les enverrez-vous ? Par quels pouvoirs et au nom de quelle puissance faites- vous toutes ces choses. Rien n'est jamais ce qui semble être dans la réalité, le danger est quevous ne savez pas à quoi ni à quelle puissance vous devezvous confronter? Mais quoi qu'il en soit, vous commettez un grand sacrilège pour le Ciel parce que les âmes appartiennent à Dieu et que c'est Jésus qui reçoit les âmes élues au Paradisdans les lieux qu'il a préparé pour elles, tandis que celles qui ont péché attendent dans le Séjour des morts ou sur leur tombeau au Cimetière ? Ce n'est nullement pas la préoccupation de l'humain de s'occuper des âmes des défunts, mais du salut de son âme, me semble-t-il ?Alors,où les enverrez-vous ? En Enfer ? Savez-vous que c'est Jésus qui possède les clés de ce lieu qui n'est pas fonctionnel actuellement. C'est le Séjour des morts qui reçoit les âmes des défunts en ce moment qui ne sont pas au ciel après la première mort ? Alors elles errent si le Séjour des morts ne les reçoit pas !Avez-vous lu les actes des apôtres ? Si oui ! C'est que vous le faites délibérément, alors ! Si non c'est pire, car c'est de la désobéissance volontaire,un péché impardonnable pour Dieu et Jésus ?Vous courez ainsi le risque de combattre Dieu en vous opposant au pouvoirduSaint-Esprit en ignorant les rappels du Consolateur, ce péché est impardonnable durant des siècles et des siècles. Dans un même temps,vous égarez des chrétiens et les croyants qui sontvictimesdu sommeil et de l'aveuglement à croire à vos mensonges, et à vos bêtises ? Mais de qui pensez-vous détenir les pouvoirs que vous croyezmaîtriser? Connaissez-vous l'origine du détenteur de ceux-ci ?L'avez-vous déjà vu ? Si ce n'est pas le pouvoir de Dieu, c'estforcément ceux d'un démonou deSatan lui-même qui se joue de vous, en se délectant du peu de bonté que possède votre âme, qui sait ? Parce les esprits savent parfaitement qu'ils n'ont aucun pouvoir sur la Lumière ni sur les êtres de lumière,etc. Satan connait mieux que vousles lois spirituelles.Peut-être qu'il ne s'occupe pas de ce que vous faites en ce moment, puisqu'il qu'il vous a déjà placé dans Son garde – manger pour les jours difficiles ? Ce que j'insinue est que vos âmes sont en prison dans un des mondes de Satan, ou ailleurs ou ontdéjà été mangées par des sorciers. Ces gens devraient faire très attention à ce niveau d'action, car cela peut vouloir dire que vous ne possédez aucunpouvoir sain ; carsi Dieu ne permet pas à l'homme d'utiliser le pouvoir du St-Esprit à mauvais escient, car face à votre désobéissante Dieu le détruira. Il est vraiqu'un démon ne donne jamaisde ses pouvoirs innés, à l'homme, c'est lui qui agit pour lui. Vous faites partie de la loge noire doncsans couverture spirituelle divin,tandis que Satan ne fait que surveiller les rebonds de vos âmes pour les saisir au bon moment. Il estle maître de votre destin.Il n'est plus question de Paradis à ce moment-là ?Vous reconnaitrez la tromperieun jour ou l'autre ici ou dans un autre monde, siles portes du Paradis vous sont fermées, on ne sait jamais ! Le jugement des morts et des vivants appartient à Jésus ; car tôt ou tard vous serez punis par pour eux. Les esprits des Ténèbres n'aimentpasl'Hommeetencore moins,ceux qui provoquent Dieuen essayant de les faire accuser, peut-être que cela vous est égal mais paseux !« Dieu a mis la vie et la mort devant moi et j'ai choisi la vie ». Les humains toujours à juger tout et n'importe quoi, ils les trouvent cruels, mais bon ! Sans jamais qu'ils se remettenten question eux-mêmes. Bref !

QUE ME DEMANDEREZ-VOUS?

Rien, puisque c'est leur nature et vous ne pouvez pas les rendre plus pires qu'ils le sont déjà ni meilleurs si ils ne le sont pas. Bien que même le méchant possèdequelque chose de bon en lui, explique Jésus dans ses évangiles. Par contre, ne soyez pas en disgrâcesà dire n'importe quelle parole devant le Seigneur, car n'oubliez pas que vous êtes pécheurs. Défendez-vous pour recevoir ses grâces pas pour vous enfoncer.

La nuit est avancée et le jour approche, enfants de Dieu dépouillez-vous des œuvres des Ténèbres. Ne suivez pas les enfants du monde pour risquer de vous éloigner du Salut.

Le Domaine deSpiritualité est pluriel et dangereux, car vous ne connaitrez jamais tous les secrets de ces organisations et ce manque, handicape vos travaux. Les esprits vous piégeront toujourspuisque c'est leur travail et ils le font bien à mon avis, vu le nombre d'hommesqui estpossédé ? Ils vous mentent sur leurs intentions, c'est sûr ! Mais,sans le discernement des esprits que vous demanderez au Père qui vous le donnera gratuitement,vous ne serez plus facilement unevictime parce que les esprits des Ténèbres, savent que vous risquez deles reconnaître. Ils savent aussi que l'homme naturel vendraitson âme, celle de sa mère et de ses enfants en échange de richesses et de gloires,des choses qui ne résisteront pas au Tempsparce que sans l'intelligence spirituelle, il ne connait pas la justice de Dieu. Hommes duPeuple de Dieu revenez à votre Dieupour être libres parce que vous n'êtes pas les enfants de la femmeesclave mais de la femme libre,votre vie sera sauve parce que vous saurez comment vous protéger de vos ennemis. Comme cela, vous ne pourrez plus dire que vous ne croyez pas à ces choses- là ! Comme vous les nommer ou : Que la Bible est unmensonge écrit par des hommes oui je vous l'accorde,mais par des hommes spirituels de Dieu qui ont les pensées de Dieuet qui sont ses plumes pour quesa Parole soit au niveau decompréhension des hommes sur la terre,et que c'est Jésus quiouvrira les Ecritures selon sa croyance et sa foi,comme il a fait pour ses apôtres, et que c'estDieu qui instruit les croyants et les nouveaux appelés. Pour certains humains Dieu, Jésus, les anges et Satan n'existent pas, ceci ... cela. Bref ! C'est leur problème ?

Il est un fait que l'homme parle de beaucoup trop de choses qu'il ne peutprouver, puisqu'il ne comprend pas lui-même ce qu'il avance, mais pour lui, il est un spécialiste de la Bible , seuls ceux qui vivent la Spiritualité peuvent dire cela ; on peut parler des spiritualités en sachant que chaque homme a une mission à accomplir? Enflé d'orgueil,il ne cherchera pas à découvrir le pourquoi ni le comment des choses pour se faire aider par ceux qui savent plus que lui, mais s'il s'agit de faire du tort aux autres, il est partant ? En vérité peu importe qu'il y croit ou pascela ne change rien ; car vu sa façon de penser cen'est sûrement pas lui, qui rendra le monde à l'image du Ciel ?

Les humains détruisent, usurpent et abusent les biens du Créateur. Ils maudissent et persécutent son peuple, comme ils l'ont toujours fait dès leur arrivée dans ce monde dès qu'ils ont choisi les Ténèbres. Ils adorent tout et n'importe quoi sauf celui qui leur a donné le souffle de vie de l'âme ; ces gens ne sont ne point des bienfaiteurs de l'Humanité éloignez-vous d'eux. Ces humains se prennent pour Dieu le Père ou Jésus, ils se disent être des experts de la Bibleet de beaucoup trop de choses à mon avis (quelle manque d'humilité en eux ?) mieux connaître Dieu que lui-même (Il est écrit que seul l'Esprit de Dieu connait les profondeurs de l'Esprit) ainsi que la vie de Jésus,la date de la création du monde et de l'homme, sans parler des autres créatures qui existent, etc. Mais que leur importe puisqu'il mourra ? Il s'octroie la libertéde juger et de critiquer ses œuvres tout en vivantd'elles sans vergogne, sans jamais remercier ni louerle vrai Dieu pour le bien qu'il leur fait. J'entends et je le vois agir mais je ne suis qu'un témoinvivant dans un monde qui ne bonifie personne. Je suis outrée, j'ai comme une impression de vivre avec des vampiressuceurs d'énergieset de sang qui cherchent à me vider. Ce mondeme terrorise d'avantage que le monde des invisibles, parce que je sais comment me défendre chez eux grâce à Dieu.

Je reconnais aussi n'avoir pas comprisà quoi servait l'homme de chair sur la terre quand il vit sans son être astral, est-cede transport pour les esprits, d'habitat pour les sans-logis ou de la nourriture pour les Sorciers et les sorcières, c'est effrayant à penser cela ?Mais qui sont-ils ? Des loups ravageurs quedit Jésus à parler d'eux? Pourquoi agit-t-il contre Dieu? Le s'avez-vous ? Parce que je crois qu'ils sont déjà morts et que le DieuEternel n'est pas leur Dieu ; car le Ciel ne s'occupe pas de ce qui est éteint, c'est à dire de ce qui est mort. C'est unemarionnette animée d'unou de plusieurs esprits ténébreux.

Je vois un monde dans lequelil n'existerait plus de lois ni de règle ni de fraternité et de cohésionentre les hommes : C'est la guerre des croyances dans les différentes religionsà multiples facettes à cause du métissage des ethnies entre elles, des femmes et des hommes qui ne partagent la même foi,et qui s'unissent pour le pire jamais pour le meilleur, alors qu'il existe un seul Dieu. L'Immigrationest acceptée dans un pays pour se protéger des siens,mais pas pour imposer ses religions, ses lois et ses coutumes dans le pays d'accueil sans vouloir respecter les lois du pays qui se trouvera sous le jugement de l'étranger ; car la religion est un choix personnel qui se vit discrètement parce c'est une question de foi que seuls les fidèles peuvent juger. Parce que je connais ma foi et mon Dieu, je n'ai pas besoin de connaitre celui des autres, car seul le respect de la Croyance de l'autre et de la Tolérance, apaiseront ces différentes orientations qui ne concernent que lui et sa communauté en toute discrétion pour vivre ensemble et en paix. L'homme simple instruit par le monden'absorbe que l'intelligence du monde, il est limité dans ses pensées,ainsi il ne peut comprendre les choses de Dieu parce qu'il n'est que charnel sur la terre, disons le garde-manger des hommes/démons et des sorciers (c'est du cannibalisme si on veut). Il est dépossédé de sa partie astrale, vidé de l'Esprit il ne peut pas communiquer avec Dieu; dansce cas n'importe quel esprithabitera son corps après avoir mangéson âme pour sceller son destin. Voilà pourquoi je les vois déambuler au gré du vent comme des fantômes, des coquilles vides portant en eux tous typesd'esprits démoniaques et entités terribles de passage, qui ne s'emploientqu'à faire souffrir jours et nuitsles hommes bons : Ils sont parmi nous et vous les voyez ? Ilsne possèdent plus d'âme ni d'un esprit humain mais des légions ténébreuses,puisque lespropriétaires des corps sont morts (lire le mystère de la Mort).Je pleure tous les jours que Dieu fait, à cause de ce que je vois et que j'entendssortir de la bouche de l'hommeinsenséet égoïste ; car sans un esprit sain en lui,il ne peut faire de différence, mais le plus désolant est qu'il parle des dieuxdes humains faits de leur mains,convaincu qu'il s'agit du véritable Dieu et il salit son nom.

La science initiatique est tout aussi dangereuse dans les mains de celui qui n'était pas préparé à la recevoir, les secrets ne seront point dévoilés ce qui fait que ses travaux seront faussés, et les forces maléfiques se retourneront contre luiet la fin n'est jamais honorable, tout comme utiliser le pouvoir du Saint-Esprit à mauvais escient comme par exemple faire du mal à son prochain. Des humains sont attirés par tout ce qui est mystique, occulte ousurnaturel, sans connaîtreles lois de ces mondes et le fonctionnementdes habitants avec lesquels ils font des pactes de sang, et qui' ils signent des contrats sans réfléchir. Etc... Pour satisfaire leurs ambitions personnelles sans penser aux lourds conséquencesdes actions qui atteindront leurs progénitures mais c'est quand l'heurede payerest arrivée qu'ils se rendent compte qu'il existe des lois qu'ils ne connaissaient pas, des lois primordiales et importantesqu'il fallait respecter, mais hélas ! Il est souvent trop tard pour chercherDieu et Jésus à ce moment-là ? Qui, je vous rappelle ne sont pas à la disposition des hommes pour régler leurs conflits avec des entités et des démons. Les êtres de lumière ne sont pas là pour faire la Police entre les esprits méchants et les hommes, encore moins si ces hommes ne sont pas croyants parce que les hommes utilisent largement leur libre arbitre,avant d'analyser le pour et le contre ni penser aux conséquences qui seront liées aux décisionsles plus avantageux pour eux, mais hélas ! C'est qu'ils font généralement les mauvais choix sans prévision parce qu'ils ne voient pas plus loin que le bout de leur nez. Mais, faire le mauvais choix implique de nombreux risques, ils devront s'attendre au choc en retourcette fois sans un appel à Dieu. C'est une grande erreur de faire appels aux esprits des ténèbres et les entités qui ne sont pas fiables et qui se débarrassent de vous quand vous ne leur servirez plus à rien ; Jésus n'arrête pas de vous le rappeler. Mais le gros problème est de savoir s'il s'agit du véritableDieu ou du véritable jésus qu'ils sollicitent ? Ne seraientce qu'eux, ils ne répondront jamais à leurs appels parce qu'ilssont rangés du côté obscursous contrat,et qu'en outre,ils sont déjàspirituellementmorts sansqu'ils le sachent eux- mêmes, ce sont les morts vivants dont parle l'Ecclésiaste. Car notreest le Dieu Eternel est celui des vivants, il n'est pas le dieudes morts; car le dieudes morts vous donne du matériel et de l'argent, maispas la vie, parce qu'il est un fait avéré que si vous avez reçu et signé un bon, vous vous êtes engagés à assumer ? A ce niveau, il n'est plus question de Ciel, de Paradis ou du séjour des morts mais de l'Enfer ! Il est clair que c'est à l'heure du jugement dernier que les choses sont révélée et deviennent visibles. Jésus pardonne et fait grâce à celui qui se repent sincèrement avant sa mort, après c'est trop tard ? Jevous dis toutes ces choses mais sachez que c'est Jésus qui juge les morts,pas moi.

Vous avez reçuet utilisécе que vous avez demandé aux êtres obscurs alors vous avez un contrat à respecter, et ce ne sont plus les affaires de Dieu. Parce que c'està l'homme de savoir sous qu'elle influence il agit.

C'est en partie à cause de la Science Occulte, de la sorcellerie, de la Magie noire, du racisme, des guerres de religions et du choixdes esprits maléfiquesdans les corps et dans les têtesdes hommes,etc... L'Abomination est dans les choses que vous ne voyez pas comme elles sont dans la réalité, pourtantc'est en elle que vous évoluez, aujourd'hui. L'Humanité agonise, la terre est en perte d'énergie et le monde est en folie... Enfants du Dieu vivant, lisez la Bible pour le salut de vos âmes si vous voulez vivre votre prochaine vie avec Dieu. Repentez-vous et convertissez-vous pour que l'Esprit de Dieu soit dans vos têtes et que l'esprit de Jésus votre Seigneur et sauveur,soit dans vos cœurs parce qu'il n'y a de Salut en aucun autre sur la terre, aucun autre nom qui soit donné parmi les hommes par lequel nous devions être sauvés.Jésus a été établi par le Père pour juger les vivants et les morts.

C'est la Connaissancedes choses de Dieuqui vous guideradans les différents sentiers de la vie qu'il a tracé pour vous. Vous avez le choixc'est vrai ! mais si vous marchez avec l'Esprit, sachez que tous ses sentiers, vous mèneront sur lavoie du Salut. Le voilesur les écrituresles et les psaumes estlevés en l'an2000 l'année du retour de l'esprit de Jésus dans le monde et les anges du Seigneur monteront et descendront sur l'homme. Soyez prêts, car je dois vous avertir que la fin de toutes choses est proche.Ainsi, quand le Seigneur vous parlera vous l'entendrez comme moi je l'entends. Il vous ouvrira les Ecritures et de vos yeux nouveauxvous verrez de laterre, l'étoile brillante du Salut pour qu'aucun de vous n'aille dans le Séjour des morts.

QUE FAITES-VOUS POUR LE PERE ET POUR JESUS DANS CE MONDE?

Je vous le dis : Vous ne faites que de demander des choses non constructives et de vous plaindre sans être jamais être satisfaits, surtout sans reconnaissance enversvosdieux, qui méritent malgré tout un peu de respect de votre part, si vous ne recevez riende bon d'eux, le bouc émissaire esttout trouvé c'est le Dieu éternel, mais vous vous trompez, et que le constaten définitif,est que vous ne réglez pas vos comptes avec vos dieux et les esprits, et que vous trouvez facile de rendre responsable mon Dieuvotre Créateur de tous les maux de la terre, dont vos malheurs et les problèmes que vous avez vous-mêmes créés, pourquoi ne vous demandez pas à Dieu avant d'agir ? Tant que le ciel ne vous tombera pas sur la tête vous penserez toujours avoir raison ?Qu'a-t-il à voir dans vos histoires d'humains ? Qui êtes-vous pour vous rebellercontre lui, est-ce là votre reconnaissance et votre justice ? Il faut au moins que vous fassiez partie de sonPeuple ! Vous profitez de ses biens sans faire cas de votre travail spirituel pour lequel, vous êtes en vie sur la terreet qui vous lie à lui ; car tout ce que vous faites sur la terre est pour lecorps physique, les pensées du monde et le ventre à par çà, que faites-vous ? Le ciel travaille jésus aussi. Lors de votre jugement de quoi parlerez- vous à Jésus, est-ce des choses du monde, qu'il voit par lui-même ? Ou est-ce des choses du monde qui feront plaisir à Satan et aux non-croyants ? Mais je vous rappelle que cene sont pas les affaires de Jésus?Je fus jugée en 2012 devant le Tribunal de Jésus, Je n'ai pas pu parler, mes lèvresétaient collées, je n'ai fait qu'écouter et que pleurer dans le noir complet, en visionnant une partie du film de ma vie sur le sujet du jour à régler, je voyais mon corps allongé dans un cercueil dans ma chambre et d'autres choses encore, c'est effrayant ! En outre, ils m'ont dit, ceci : « nous avons toujours été avec toi » parce qu'ils étaient plusieurs, des paroles que j'avais oubliées pensant être seule. 2013... mon retour dans le monde des humains est sorti.

Que donnez-vous à Dieu à part donner ce qui lui à lui, comme vos âmesà l'ennemi,en échange de richesses et de pouvoirs ? Mais cela ne se passe pas comme vous le pensez parce qu'il y aura des comptes à rendre bientôt à Dieu. Pensez-y ?

POURQUOI CHERCHEZ-VOUS A TOUT PRIX DE MOURIR ?TANDIS QUE SATAN ET SES DEMONS LUTTENT POUR RETROUVER LA VIE ETERNELLE.

JE PARLE AUX ENFANTS DE DIEU ET AUX CHRETIENS QUI ONT DEMISSIONES

Prier Dieu et demandez-lui de vous aider à trouver les bons sentiers de la vie, demandez-lui le discernement des espritsavec sincérité qu'il vous donnera gratuitement, comme ça vous reconnaîtrez l'esprit de lumière de l'esprit malin. Moi, servante du Seigneur je vous invite fraternellement à lire l'évangile de Jésus et les Psaumes de David, juste lire, pas pour les apprendre par cœurs, vos cellules spirituelles feront le reste ainsi que vos souvenirs. Imprégnez dans vos têtes les lois et dans les commandements de Dieu et vous saurez les choses cachées aux hommes sages de la terre. Depuis que je suis sur la terre des églisessont dans les mains des traîtres, des voleurs d'âmes,des voleurs d'étoiles,* des démons, des violents, des humains ignorants qui ont gardés le statut d'animal. La religion catholique possède de nombreux fidèles à qui elle demande de ne pas lire la Bible, maisleurs missels alors que Jésus dit le contraire, Pourquoi d'après vous ? Les prêtres et certains Pasteurs, ne parlent jamais du combat spirituelcontre les esprits niles instructions à suivrepour êtreun bon chrétien ni comment devenir un bon croyant, pourquoi ?Ce qui encourage leurs fidèles à commettre des péchés à vau- l'eaupuisque les chefs religieuxde ces églises sous emprise Luciférienne et Satanique leurs disent que Dieu pardonne tout alors que c'est faux! Mais le plus grave est qu'ils ne diront jamais, qu'ils ne parlent pas du véritable Dieu ni du véritable Jésus. Cette fausse information gobée incite les fidèles de ces églises à faire tout et n'importe quoi, même à commettre les crimes les plus horribles sur la terre, puisque Dieu pardonnera par sa grande bonté les assassins? La loi des hommes ne pardonne pas, à vrai dire, puisqu'elle poursuitet punit les coupables, malgré ses erreurs humaines reconnues.LesReligieux ne parlent jamais des conditions spirituelles à remplir.Mais à causede ces détournements d'informations et des manipulations de l'esprit de l'homme? C'est la mort définitive quiattendces fidèles à la fin de leur vie sur Terre, sauf si Jésus sauve les victimes de l'Enfer. Parce que les humains n'ont pas le droit d'entraîner des humains vers les régions infernales mais que vers le Ciel. Pourquoi me demanderez-vous ?

Parce qu'ils n'ontpas connu Dieu ni Jésus dans leur quête deLumièreparce qu'ils ont été volontairement égarés par les responsables de ces églises qui ne sont pasde Dieu, comme lesdétracteurs vous le font croire, mais ayant pour dieu la reine du ciel le dieu des philistins, et différents d'autres dieux qui ne travaillentpas pour la gloire du Dieu Eternel mais pour celle de Satan. Rappelez-vous que les grands prêtres du temps de Jésus sur la terre ne l'ont pas accepté comme étant le fils de Dieu, ils n'ont pas accepté son évangile ni ses instructions, par le fait qu'il ait dit avoir été envoyé par le Père signifie que Jésus leur ment, et qu'il n'est pas le fils de Dieu, alors qu'ils étaient tous dans l'erreur.Renseignez-vous sur les dieux que vous adorez sur la terreet qui ne vous donneront pas la vie, croyez-moi, mais la mort.

A ces criminelsjeleur demande au nom du fils de libérer les âmes trompées des humains vivants et de ceux qui sont morts, des prisons de l'au-delà et du Séjour des morts où vous les avez placées : Au nom puissant de Jésus. La patience de Dieu est arrivée à son terme. Maintenant, votre jugement se fera sur la terre. Vous êtes avertis. Ainsi soit-t 'il.

Attention ! Je vous dis sansvous juger, bien que je puisse le faire grâce à mon statut de chrétienne. Pourquoi, c'est à vous les hommes de chercher la Vérité où elle se trouve,vous n'êtes pas tout de même des enfants ! Personne ne peut sauver vos âmes à votre place excepté Jésus ? Personne n'a le droit aussi de vous les prendre non plus, sans votre accord ; car devant Jésus, il n'est pas question d'accuser les autres pour vous dédouaner de vos péchéspourprouver votre innocence, ne cherchez pas à rajouter le poids du mensonge et de la mauvaise foi dans vos réponses ni d'excuses à vos péchés,ignorantssans doute que tout ce que vous faites est sous la loi de l'enregistrement. Ouvrez vos yeuxpour exciter votre Intelligence spirituelle qui vient du ciel. C'est dit, Jésus ne pardonne pas tout et Dieu non plus. Il y a des instructions à suivre et des lois à respecter non pas pour Dieu mais pour votre propre protection, soyez repentis et donnezvotre vieà Jésus ; car il est votre Salut pour l'éternité, le sauveur de vos vies. Mais si dans les derniers jours vous avez péchéet qu'entre-temps vous mourrezsans repentance, et que Jésus vous a connu de votre vivant, chose que Jésus comprend,puisqu'ilconnait les faiblesses de l'homme autant que l'acharnement de Satan sur l'homme, il vous suffira deprononcer SON NOM, et par les grâces qu'il vous accordera,vos péchés seront pardonnés et effacésparce que Jésus est la Vie pas la Mort. Maisil est préférable de le faire AVANT DE MOURIR caraprès c'est trop tard, mais votre jugementn'appartient à Jésus. N'attendez pas d'être àl'agoniesur votre lit de mort, parce que le Seigneur ne vous écoutera pas. Par précaution à chaque péché commis, reconnu et regretté ne tardez pasà demander pardon au Père dans vos prières pour que le péché soit pardonnéet oublié. Il faut évitez de les accumuler pour faire une repentance groupée, c'est une erreur parce que vous allez omettre au moins un,puisqu'un péché non pardonné reste un péché ? Etant donné quevous ne connaissez pas votre heure. Quand vous avez commis un péché ne tarder pas à demander pardon au Seigneur ; avez-vous compris ces choses !Restez connectés au Ciel.Dire que Dieu vous protège, oui et non! Si vous faites partie de son peuple. Il connait ses enfants et ceux quis'apprête à revenir à lui. Il est le Dieu d'amour, de justice et de fidélité. Il vous aidera. Autrement il ne répondra pas à vos cris de détresse ni à vos lamentationssi vous ne vous repentez pas, avant que le malheur vous touche,parce que les esprits malins ne touchent pas à la vie de celui qui s'approche du Père, mais ils sont autorisés à les tenter,puisquec'est leur rôle jusqu'à ce qu'ils décident de les laisser tranquilles ou pas ? Tout dépendra des relations qu'ils ont eues avec lui, mais il doit mener un vrai combat spirituel pour sauver sa vie s'il a des preuves qu'il ne soit pas compromis. Bien que personnene soitjamais à l'abri des assauts et des batailles avec nos ennemis, soyons prudents comme des serpents ? C'est ainsi !s C'est à cause des pièges dressés contre vous que je vous conseille de faire le bilan de vos actions de la journée avant de vous endormir le soir, pour pouvoir demander à Dieu de vous pardonner si vous avez commis un mal que vous ne pouvez pas réparer ni protéger vos corps pendant votre sommeil. Priez et veillez sans cesse et vous serez pardonnés de vos écarts ; car Dieu lutte avec nous pour la VIE et pas pour la Mort.

Jésus vous demande de ne pas le priermais de prier Dieu EN SON NOM, vous continuez à le fairemais en vain, parce qu'il ne vous répondra pas. Vous l'appelez toute la sainte journée dans des églisespour lui qu'il n'a jamais souhaitées. Ainsi j'en conclu que vous ne lui obéissez pas.Il vous dit de même de n'adorer que le Dieu éternel, le Créateur de toutes choses et pas lui pas même ses anges ? C'est clair ! Dieu, Jésus et les anges de lumière vous portent assistance dans vos luttes contre les esprits dumal en cas de faiblesses, si vous le souhaiter parce que n'oublier pas que vous êtes des pécheurs. Ils vous demandent de ne pas prier les saints des humains, de ne pas invoquer les anges satanistes ni de vous agenouillez devantla statue d'un soi-disant saintqui cache et honore les esprits du mal qui agissent,en réalisant vos demandes ? Vous accrochez ces choses sur le mur de votre maison, chosesque Dieu ne vous demandera jamais.(Statuettes, images taillées, croix, médailles sur soi que vous connaissez, puisque vous le faites, chose qu'un enfant de Dieu ne ferait pas ?...Etc. Le plus désolant est que vous n'avez pas besoin deces choses qui, en réalité ne vous protègent pas de « qui que ce soit ni du quoi que ce soit ?» maisqui vous accusent plutôt devant Satan. Aimez Dieu en esprit et en vérité ce sont ces adorateurs-là qu'il aime. Ayez confiance en votre Dieuet en Jésus parce que c'est la Foi qui sauve nous dit Jésus. Ne voyez- vous pas l'embrouille avec ces interdits des religieux qui ne sont pas de Dieu?

De quel jésus vous parle le pape ? De queldieuparmi la multitude dedieux et de quel évangile vous parlent les chefs de vos églises à scandales,sachant qu'il est clair qu'ils ne vous enseignent pas la Parole du Dieu uniqueni l'évangile du véritable Jésus? Qui sont ceux qui vous entassent dans le couloir de l'Enfer? Il est écrit que le BIEN ne cohabite pas avec le MAL ; Toutes les églises dans lesquelles les crimes sexuels et des attouchements(que j'ai moi-même subi par un prêtre catholique mais Dieu voit les actes de ces hommes quisont passés sous silence, et que les responsables n'ont jamais connu la Prison pour payer leurs méfaits, même à ce jour, mais le Seigneur voit tout : C'est honteux ! Mais où se place le Dieu éternel dans cette histoire de sexe ? Sachez que ces églises ne sont pas des églises de Dieumais des églises collectrices d'âmes pour le monde des Ténèbres et les sorciers. Jésus n'a jamais demandé delui construire des églises ;car c'est le corps qui est le Temple de Dieu qui protège l'homme-esprit et que Jésus nousenseigne dans la maison de prières du Père où qu'elle soit pour rendre un culteau Pèreou sous un arbre partout,quand il était dans le monde selon les évangiles. Aujourd'hui,il est vrai que le monde a changé et les hommes aussi ? L'Esprit de Dieu est dans nos têtes et l'esprit de Jésus est dans nos cœurs quand on les aime et qu'ils nous aiment. Quand vous sentez approcher le danger, appelez premièrement la Lumière du Père Céleste.

« Mon peuple meurt par manque de Connaissance *dit* Dieu. »

Où sont les âmes de vos pères, de vos mères, de vos enfants etde vos chers regrettés ? Les fidèles de ces églises n'ont plus leurs âmes soit parce qu'elles ont été mangées par des sorciers ; tandis que d'autres sont en prison ou dans l'attentede leur jugementdans le Séjour des morts des grâces du Seigneur. Sauvez les vôtres en revenant sur les voies de la Lumière à force de prières et de supplications au véritable Dieu au nom de Jésus, en faveur des âmes trompées. Jésus ne prie pas le Père pour le monde, mais pour ceuxque le Père lui a donnés et qui souffrent dans le monde, mais aussipour ceux qui croiront à leurparole, voyez vous ! Dieu ne nous abandonne jamais, choses que je tente de vous rappeler régulièrement. Il est temps de sortir de votre sommeil spirituel, réveillez- vous et regardez autour de vous pour voir comment travaille le Monde contre vous.

Les anges de lumière vous encouragent dans vos belles créations mais c'est aussi le rôlede l'homme astral pour que les hommes aiment vos ouvrages parce que vous êtes des créateurs de bonheur, de belles choses, de paix et d'harmonie, je ne le conteste pas. Mais seuls, vous ne pouvez pas tout réussir dans le long terme, et souvent la fin est décevante avec de nombreux dommages collatéraux et vous chutez le premier.Le résultat est que vous avez raté votre destinée en séparant de vous, votre corps astral. Je vous parle de l'homme-esprit qui complète votre humanité, c'est lui qui est le véritable homme qui vous parle et que vous n'entendez pas. Il est écarté de votre existence par vous-mêmes, vous êtes divisés à ce moment-là. Pourtant ! C'est lui qui exécute les missionsspirituelles avec les anges du Seigneur ; il est indépendant avec un rôle propre qu'il est censé assumer avec vous, aidez-le, car il est l'artisan de vos demeures célestes ; c'est aussi à lui que Dieu demande et demandera des comptes et pasà la chair ni à vos os. Tandis que l'âme, si toute fois elle n'a pas été vendue, morte ou mangée,retournera à Dieu. A ce stadevous êtes réduits à la chair et vous n'existez plus pour Dieu : Vous êtes spirituellement morts. Pour éviter cela,rapprochez-vous de votre jumeau pour vous sentir entier devant Dieu et le monde.

Jésus vous dit que la chair ne sert à rien, il parle « dans le Domaine spirituel ». Il dit aussi : « Tout ce que je vous dis est Esprit et Vie ».

AINSI

Les antéchrists ont perdu leurs âmes et la Marche des démons envahit les maisons des grandes villes, les contréeset les campagnes de tous les pays du Globe pour former leur armée contre l'armée de l'Archange Michel.

Chrétiens réveillez-vous, prenez les armes pour protéger les âmes promues au Royaume de Dieu et de Jésus qui,je vous signifie ne consiste pas en parolescomme font les faux prophètes, les faux chrétiens, les pasteurs sataniques,les fanatiques, les illuminés religieux et j'en passe, mais en puissance par le pouvoir du Saint-Esprit et celui de vos dons spirituels mérités si vous les avez.

Avez-vous oubliez les conseils de Jésus et de l'apôtre Paul ?SOYEZ MES IMITATEURS, LE FAITES-VOUS ?

Avez-vous oubliez le sacrifice de Jésus du poteau ? Parce qu'ilchoisit parmi les hommes ceux qui ont accepté la Lumière, et qui ont gardé la foi du père Abrahampour formerde valeureux combattantsdéfenseurs de la foi ; une foifondée sur la puissance de Dieuet sur la Sagesse des saints qui veillent à son affermissementjusqu'à la finainsi quedes guerriers pour sa grande armée dans laquelle j'y trouverai ma placeavec mes frères dans les cieux. Que Dieu soit loué pour un bonheur promis auprès de lui.

L'APÔTRE PAUL PARLE AUX CHRETIENS LES APÔTRES DE JESUS-CHRIST

Nous n'avons pas reçu l'esprit du monde, mais l'Esprit qui vient de Dieu, afin que nous connaissions les choses que Dieu nous a données par sa grâce. Et nous en parlons, non avec des discours qu'enseigne la sagesse humaine, mais avec ceux qu'enseigne le Saint-Esprit, employant un langage spirituel pour les choses spirituelles. Mais l'homme naturel ne reçoit pas les choses de l'Esprit de Dieu, car elles sont une folie pour lui, et il ne peut les connaitre parce que c'est spirituellement que l'on en juge. L'homme spirituel au contraire, JUGE DE TOUT, et il n'est lui-même jugé par personne mais par Dieu. Car, qui a connu la pensée du Seigneur pour l'instruire ? Or nous apôtres et chrétiens de Jésus, nousavons la pensée de Jésus. C'est nous qui jugeront les anges qui ont péché et les saints jugeront le monde. Nous devons nous examiner nous- mêmes pour reconnaitre si Jésus est en nous ou si le Consolateur nous accompagne dans l'espoir que nous ne soyons pas réprouvés. Autrement les chrétiens sont suivisde près par le Consolateur et sont jugés de leur vivant dans ce monde. Moi,j'ai été présentée devant le tribunal de Jésus ce fut pour moi une expérience très douloureuse qui m'a beaucoupfait pleurer de honte pour avoir délaissé ma mission et attrister le Ciel. C'est l'argent, les frasques du monde et ma jeunesse qui m'ont éloignés des véritables raisons de ma présence sur la Terre. J'ai dû faire devant le Tribunal de Jésus le choix du Ciel ou du Monde ? Ce fut très difficile pour moi de combattre l'esprit du MONDE qui est très combatif, envoutant, puissantet cruel avec l'homme qui lui résiste et quesurtout il faut êtreducôté du plus puissant que lui : Le Dieu Eternel son Créateur.

Je suis triste et angoissée devant le chaos spirituel dans la démesure Religieuseaux multiples croyanceset aux nombreux dieux étrangers, danslesquels des hommes cherchent à s'élever pour s'approcher du véritable Dieu mais ilsse trompent de voie. Un désordreauquelje nepouvaispas imaginer à ma descente dans ce monde, mais j'ai résisté auxpensées perturbatricesdel'esprit du Monde. Mais pourCeux qui me critiqueront et qui me jugeront, bien que je vous précise que l'homme simple ou l'humainne peut pas juger le travail du chrétien apôtre de Jésus tandis que chrétien est un Humain évolué devenu un homme fait, ou complet, c'est cet homme qui plait à Dieu parce qu'il est comme Jésus. Cela, il faut le savoir, avant de chercher à comparer le chrétien à l'humain parce qu'il n'est plus de cette race- là,sachant qu'il est un être spirituel que seuls l'Esprit, Jésus et les véritables chrétiens qui peuvent juger un autre chrétien pour ses erreurs ; car l'homme simple n'a pas le pouvoirde Dieu pour le fairequi il soit professionnellementsur la terre, parce que Satan est au-dessus de lui, il ne peut se prendre pour l'Esprit-Saint. Ceux qui feront fi de mes écritsJe tiens à préciser que ma mission est d'aiderceux qui souhaitent prendre le chemin du Ciel de Dieu ainsi quepour ceux qui veulent suivre le même chemin. C'est une grande responsabilité que je porte sur les épaules, car il est question de vie ou de mort qui nous concerne tous. Tandis que j'agis dans la crainte de décevoir le Seigneur. Voilà ce que je vis aujourd'hui parmi vous: C'est cadeau ! Parce que vous ne pouvez passavoirce que je vis ni ce que je fais pour éloigner de vous la mort dont les mauvaises influences des habitants des autres mondes dans lesquels je missionne,qui vous visitent la nuitquand vous dormez, si moije ne vous le dis pas, soyez tout de même reconnaissants envers les anges. Avec Dieuà mes côtés, Jésus les anges et les esprits de lumière, le reptilien et Ste-Thérèse de Lisieux... Cette nuit fut une nuit haute en émotion, en pleine dissolution physique dans mon lit, le désarroi a atteint son paroxysme. En larmes, entourée d'une congrégation invisible, je ne peux pas expliquer ni comprendre la situation puisque le brouhaha est en moi.J'implore de l'aide du Ciel. Je glisse du litpour atteindre le sol et je m'assois sur le carrelage, aussitôt une femme apparaît, je lui demande entre deux sanglots « qui est-t 'elle » et elle me dit...

Je suis Ste Thérèse de Lisieux, elles'est assise près du lit à mes côtés, je pleurais à suffoquer car j'avais besoin d'air.Elle meconsola en me prenant dans ses bras (je crois avoir senti son odeur)juste avant que je m'allongedans la tombe épineuse du désespoiren appelant mon Dieu, et c'est Jésus qui est descendu. La Sainte m'a promisde régler mes problèmes administratifs pour exister : « Tu verras que tout ira bien » : Ma-t-elle dit. Je ne la connaissais pas, c'est elle qui me donna son nom. Rassurée par la douceur de sa voix, je suis remontée dans mon lit parce que j'ai cru à ses promesses. J'ai fermé les yeux et...je revois Ste-Thérèse de Lisieux en tenue de religieuse blanche et noire, telle que je l'ai vue assise près de moi. Je la vois entrer et sortir etse démenerdans différents bureaux,puis ressortir avec plusieurs dossiers dans les bras à mon nom. Dans le même temps et dans la même vision,je vois passer Jésus dans le ciel de la Terre. Des larmes aux yeux, je suis du regard sa direction dans le bleu de l'horizon et... Un léger vent tiède du Sud souffla sur moi dans la nuit pour assécher mes larmes. Puis la sainte s'en est allée dans le Ciel... ».

J'ai retrouvé les documents soi-disant égarés dans la semaine puis tout est rentré dans l'ordre. (Suite à cela j'ai enquêté sur elleet je l'ai reconnu sur une photo d'elle en plus âgée, je l'ai vue plus jeune aussi). Ily eules êtres de la Nature et bien d'autres entités. Voyez-vous ! La liste des esprits aidants esttrèslongue sans compter ceux que je ne connaissais pas. Tout cela pour vous dire que je n'ai jamais été seule ni abandonnée dans ce monde ni dans les mondes extra- terrestres dans lesquels j'ai missionné ; car sans eux je n'aurais jamais pu accomplir mes multiples et diverses missions de guérisons, de sauvetage en mer des âmes chez les Sirènes, d'espoir, de soutien, de consolation, de conseils, de ma lutte contre les agents et les esprits des Ténèbres qui se nourrissent de vos péchés, et de vos peursqu'ils provoquentdes saints dans votre sommeil même si vous ne les reconnaissez pas, mais sachez que Dieu et Jésus vous envoient des esprits bienfaiteurs spirituels pour vous aider. Souvenez-vous que Jésus nous a posé une question : « De quoi avez-vous peur ? »Bien que parfois vous gardez des bribes devos souvenirs, tandis que moi je garde un résumé des vôtres dans mes souvenirs. J'ai vu Satanface à face et beau gosse, dans un de ses mondes avec son armée d'hommes/démons, il me demanda *pourquoi j'étais là en me touchant au niveau du sternum et me dit :« Tu as trop d'amour en* toi sinon je t'aurai mangé » Ah oui ! ? Car mon inquiétude du moment était de savoir, comment retrouver la direction« Terre des Hommes ».Je regardais autour de moi espérant qu'une aide providentielle viendrait à mon secours. C'est comme cela que j'ai vu la vaste étendue du terrain dont la terre est sèche et très poussiéreuse, ainsi que la multitude d'hommes/ démons de ce monde, qui me semblait être un Désert ? Cette rencontre était diaboliquement inattendue puisque je n'avaispas été avertie ; bien que tout au fond de moi je savais qu'elle arriverait bienun jour ! Mais pourquoi aujourd'hui ?Que va-t-il me dire ?Mon esprit ne cessait d'appeler l'esprit de Jésusdéjà placé dans mon cœur aimant. Puis j'ai vu que Satan et ses hommes/démons, s'écartaient de moi, comme pour agrandir mon espace un peu effrayés du coup, c'est alors je regarde à mes pieds et que je vois que je suis debout sur un tapis rouge posétout en longueur qui semblait me tracer la direction à suivre, tel un tapis de Star ! Je donne aussitôt le dos au prince de l'air, je pivote sur ma droiteraide comme un piquet sans un au revoir et sans me retourner. Les milliards d'hommes/démons sinon plus, en tenue de Templiers me regardaient sansparler devant le chef, placés en colonnehors des bordures du tapisdevant et derrière moi. Je me suis retrouvée à marcher au centre de ce tapis que J'ai suivi bien évidemment ! Au loin, je nevoyais pas la findu tapisqui était couvert par un épais brouillard blanc sans visibilité en guise de porte, que j'ai traversé en toute confiance, etje meréveille allongéesur mon lit en sueur,trempéede la tête aux pieds,comme si j'avaistraverséun Océan avant d'atterrir dans mon lit. Quelle aventure ? Avais- jeeu peur ? Heu ! Pas vraiment en définitif !Je tiens à préciser que Je ne lui ai pas parlé ni trop écouterce qu'il me disait, vu la façon dont j'ai été reçue ! Parce que protéger ma vie futsûrement plus importantque les paroles qui sortent de sa bouche, alors j'ai opté pour la Prudence et la sécurité. (A propos du tapis rouge/bordeaux, j'ai eu l'impression qu'il était dangereux pour eux de le toucher,mais j'ai compris qu'il me protégeait des assauts de ces démons, parce qu'ils n'ont pas pu marcher sur lui ni étendre leurs bras par-dessus lui, pour me saisir).

J'ose espérer que vous avez compris les paroles de Satan ; car il ne s'est sans doute pas rendu- compte que je possède une arme puissante contre lui : L'AMOUR. Bien qu'il le dit ?

« Aimez-vous les uns les autres comme je vous ai aimé » : Cette phrase d'une importance vitale s'avère être d'une grandeprotection contre les esprits du mal pour ses apôtres et les croyants particulièrementà ceux qui choisiront de revenir au Seigneur ? Il est écrit : Où il y a l'Amour il y a l'Esprit de Dieu.

Vous allez tous mourir définitivement, si vousne mettez pas vos genoux sur la Terre mère qui vous nourrit et qui reçoit votre corps chaneléteintà la mort. Ainsi pour faire pénitence, il est salutaire pour vous de prier le Dieu Eternel toujours au nom de Jésus,et pas les dieuxétrangers ni les démons que vous adorez sans le savoirqui ne feront rien de bon pour vous, à part vous égarer. Quand vous avez besoin d'aides ou de réponses les anges messagers entendront peut être ?Vos lamentations ; mais ils ne les transmettrontforcément pasà Dieu si vous ne faites pas partie de son peuple repenti, tout dépendra de l'importance de votre demande s'il s'agit de votre repentance ; car rien n'est gratuit ici- bas et vous recevez du ciel aux mérites mais le ciel doit recevoir de vous aussi vos bienfaits. Il le Dieu qui sait tout de vous. Il vous donnera tout ce dont vous avez besoin pour votre élévation si vous le lui demander; il vous donnera de bonnes choses et de précieuses qualités pour vivre.

L'homme a de gros problèmes spirituelsque seul Dieu résout, il ne s'adresse pas lui-mêmeà Dieu, mais il demandeà un homme qui n'est pas de Dieu de tout régler pour lui mais par des moyens obscurs qu'il regrettera plus tard, parce pour être un fils de Dieu il faut travailler pour le ciel et vivre hors des fastes du monde. Le Père est leDieu des dieux,quiréalisetout ce qui est nécessaire dansvotre vie de pèlerin et de missionnaire ;il est un bon Pèreet un bon Père prend soin de ses enfants, il ne les abandonne pas à l'ennemi. Ne chassez pas l'espritde lumière en vous qui vous protège du mal, entretenez des relations avec lui ; car sans lui vous vous tromperez de voies, et que c'est un autre esprit qui vous habitera, parce qu'il n'existe pas de vide dans la nature, le vide est habité d'êtres que nos yeux ne peuvent voir naturellement.Pourquoireposez-vous surl'humain mortel qui a des limites et pas au Dieu Eternel?Avez-vous peur de parler à votre Père ?

Je vous conseille de pratiquer le Jeûne spirituel accompagné defortes prièresavec positivité, elles élèveront vos demandes, sans rencontrer les obstaclesdans l'Astral lors de leur traverséedansl'espace pour être entendues par les anges du Seigneur (il ne s'agit pas du jeûne minceurssourire)ni du nombre de jour que vous pourriez tenir, pas de viande trop lourd à digérer, évitez l'alcool, les cigarettes et l'abus du sexe, bref ! Une abstinence sur tout ce qui n'est pas utile à votre vie présente. Exposez à Dieu les problèmes qui nécessitentle jeûne, que vous faiteset Dieu vous approuvera ou pas, au moins vous saurez à quoi vous en tenir. Unjeûne restrictifseul sans l'énergie puissante de la Prière risquera de détériorer votre santé; car l'homme ne vit pas que de nourriture mais de la Paroleaussi. Manger léger et prenez des Vitamines naturels ?

L'apôtre Paul dit que : « Tout est permis mais tout n'est pas utile » soyez responsables de vos choix et faites le Bien de Dieu autour de vous, pas celui du monde qui est mal attribué. Faites le bien à celui qui le mérite non pas pour faire plaisir ou pour faire une démonstration de votre générosité. Ce n'est pas ce que souhaite Dieu.

Travaillez vos défauts pourdevenir meilleurs.Lisez l'évangile de Jésus, un conseil que je n'arrête pas de vous donner dansmes écrits pour que vous n'oubliez pas par amour pour vous, comme ça, vous ne pourrez pas dire lors de votre jugement, que vous ne le saviez pas puisqu'aujourd'hui je vous l'écris,cela fait partie de ma mission pour vous. Il faut que vous soyez convaincus qu'il s'agit biendu Dieu Eternel qui vous instruit. Quand vous verrez un changement en vous et dans votre maison vous le saurez, parce que vous entendrezune voix douce et claire : « Je suis le Dieu d'Abraham de Jacob et d'Isaac, le Dieu de vos ancêtres » Il fautcroire à la voix ; car Satan ne dira jamais cela. Soyez convaincusque ce que vous recevrez vient de Dieu : C'est cela la foi. En cas de doute, vous pouvez luiposer la question et il vous répondra, soyez attentifs et connectés au ciel. Car il n'y a pas de risque à parler à son Père. Je lui parle tous les jours et à tout moment même dans mon sommeil. C'est grâce à la force de vos prières au vrai Dieu pour les chercheurs et pour la Paix entre les hommesque le virus quittera le ciel du monde quand vous citerez le nom de Jésusà Dieu le créateur de toutes choses. Soyez confiants.

Il est vrai que je passe inaperçue mais je suis avec vousen esprit, alors restez chez-vous dans le silence pour entendre les conseils des êtres de lumière ; car le bruit inutile n'est pas votre allié. Satan fait son travail de tentateur, c'est vrai ! Mais Dieu et Jésus vous ont donné sans rien vous cacher les solutions pour l'éloigner de vous,et qu'aujourd'hui vous connaissez les faiblesses deSatan ! L'homme simple ne peut pas tuer Satan, mais il peut se protéger de lui. Ils vous ont promis leur aide : « Demandez et vous recevrez » dit Jésus ; n'oubliez pas qu'ils sont des esprits.Mais votre peur du mot esprit vous terrifie, alors que vous en avezun ou plusieurs en vous? Vous demandez à un hommeque vous ne connaissez pas de les chasser pour vous, alors que vous y arriverez bien seuls si vous connaissez la Parole de Dieuou s'il s'agit d'esprits inférieurs pour les chasser. Mais quand une personne sollicite mes soins, ayant le discernement des esprits je priele Père avant d'agir, comme le faisait Jésusparce qu'en réalité,c'est lui qui agit puisque c'est son pouvoir que j'utilise mais si toute fois j'agis, je le fais au nom de Jésus mon Maître spirituel ; car en étant chrétienneje me protège des agissements de Satan contre moi ; mais sile cas de cette personnene fait pas partie de mes fonctions (parce qu'aucun homme ne possède la science infuse) je lui conseille à ce moment-là, de s'adresser directement au Père pour régler ce qui lui pose problème ; car on ne peut pas aider tous les hommes du monde sauf Dieu. Ne prenez pas le risque de combattre contre Dieu à utiliser le pouvoir du Saint-Esprit à vau-l'eaupour un esprit démoniaque ou Satanique quant à lui imposer les mains sans une consultation spirituelle, sans l'autorisation du Père, c'est une précaution importanteà adopter que souligne l'apôtre Paul à tous les chrétiens qui possèdent le Don de Dieu.

C'est vrai ! Que le comment faire les chosesn'est pas noté ou soit effacé mais Dieu vous le dira ? (Je ne comprends pasle comportement de l'homme ; car il faut tout lui donner au biberon comme un Bébé. Il ne s'investit pas dans une vie spirituelle comme il est censé le faire nonpas pour Dieucomme il le pense mais pour lui-même, parce qu'ildit ne pas avoir le temps pour ça ! Alors que le temps pour agir est compté pour tous ou qu'il a peur des esprits pourtant qui viventen luiet avec lui, il oublie que son Dieu est Esprit ? Mais parfois seule la peur peut pousserl'homme indécis à la repentance.Le plus souvent, l'homme attend que l'autre prie pour lui et quand l'autre agit, il le critique. Bien qu'Il ne soit pas recommandé de prier pour une personne si vous ne connaissez pas la vie qu'elle mène,le degré de sa foi ni l'état de sainteté de l'âme de cette personne, mais quoi qu'il en soit le Père ne répondra pas aux demandes de ceux qui ne font pas partie de son peuple élumais le plus important ici sera de savoir queldieusolliciterez- vous pour cette personne ? Le Dieu éternel ou les dieux faits des mains de l'homme du monde ?L'apôtre Paul sollicitait des demandes de prières à Dieu de la part de tous ses frères les apôtresde Jésus pour l'encourager voire le soutenir dans les difficultés qu'il rencontrerait dans les missions parfois difficilespour lui,maissi vous avez compris mes écrits ils sonttous de la même communauté des saints, ils ont la même foi et le même Dieu. Autrement quel sera le « dieu » qui exaucera les prières que vous faites pour cette personne, il faut penser à cela ? Rappelez-vousde ce que l'Eternel des armées le Dieud'Israël dit au prophète Jérémie à cause de la désobéissance des juifs : « Et toi, n'intercède pas en faveur de ce peuple. N'élève pour eux ni supplication ni prières. Ne fait pas des instances auprès de moi ; car je ne t'écouterai pas. Ne vois-tu pas ce qu'ils font dans les villes de Judas. Et dans les rues de Jérusalem ?... Les femmes pétrissent la pâte, pour préparer des gâteaux à la reine du ciel (Marie pour les catholiques ?). Et pour faire des libations à d'autres dieux... La suite dans Jérémie7.

L'Amour est un feu dévorantet destructeur quand il n'est pas approprié ni maîtrisé, les esprits démoniaques poussent aux crimes au nom de l'amour et que beaucoup de victimes pense que c'est parce que l'autre l'aime trop ? Soyez prudents. L'AMOUR est un sentiment né de l'Esprit de Dieu, qui consolide les liens de la Fraternité pour une bonne cohésion dans la communauté des Saints et de la famille des enfants de Dieu. Mais il faut le vivre avec mesure dans la sagesse de Dieu, car l'amour ne fait point de mal au prochain quand il est sage, autrement s'il le fait ce n'est pas l'amour de Dieu ; car toute médaille a son revers. C'est pour ces raisons que Jésus nous dit ceci: « Celui qui aime son père, sa mère et ses enfants plus que moi, n'est pas digne de moi ». Jésus est la mesure tolérée, il est la limite à ne pas dépasser ; la dépasser c'est atteindre la folieou la mort.

EN CE QUI CONCERNE LE COUPLE

Vous devez surtout éviter de dire à vos femmes : « Je t'aime comme un fou » déjà vous placez le mot amour à côté de la folie qui est un mal, déjà votre je t'aime n'est pas normal « Je t'aime plus que moi » l'amour est déséquilibré entre vous, ça ne marchera pas. De même « Tu es l'homme parfait ou tu es la femme de ma vie, ce qui est un mensonge dans la durée. Vous n'avez pas besoin de mots mensongers et inutilespour prouver vos sentimentsà une personne » Soyez en sûrs le Cosmos en charge de l'équilibre énergétique du sentimentde l'Amour qui n'aime pas le mensonge ni la tromperie, analysera votre couple etvous séparera, si c'est faux, et bien d'autres mots qui sonnent comme une sentence ou une malédiction. Des mots qui ne sont pas adaptés aux choses, aux gens ni aux situations que vous vivez ; de même : « Je vais te tuer » qui fait partie aujourd'hui du langage habituel, pour renforcer votre colère envers un prochain, c'est un péché grave de vouloir cela, mêmesi vous n'agissez pas, la puissance du verbeet de son rôle, feront agir les personnes placées sur les mêmes ondes d'énergies que vous,les mêmes pensées que vous, se trouvantà n'importe quel endroit du Globe, agirontselon le pouvoir du verbe. Ainsiquand vous dites n'avoir fait du mal à personne, ne soyez pas si sûrs dans vos propos ; car après votre mort ne soyez pas étonnés et confusquand vous découvrirez votre passé criminel ? Des mots nocifs lancésà tout va ou en l'air sans réfléchir sont des malédictions, de véritables flèchesempoisonnées qui détruisent les couplesfragiles,sur leurs passages, votre famille et vousne seront point épargnésdel'effet boomerang, disons un retour à l'envoyeur, pour celui qui les a lancées, maissi la cible est innocente ou serait sous protection spirituelle et que vous êtes protégés par un esprit démoniaque, ne seront pas touchés, ainsi ce que vous avez envoyé fera un retour direct et violent sur vous, et le malheur souhaité aux autres vous frappera durement.Ne soyez pas étonnés d'entendre tant de divorceset de crimes au nom de l'amour qui se trament dans le monde à cause de vos mots: Dites simplement : Je t'aime et cela suffira. C'est laréglementation de la loi Cosmique qui a en charge de rétablir l'équilibre des énergies employées, d'où vous les avez sorties qui agira jusqu'à l'affaiblissement de la force del'énergie déployée. Avez-vous compris la dangerosité de vos mauvaises paroles ; car l'excuse de sortir : « je ne le pensais pas ! Ou j'ai dit ça comme ça ! » Cela ne marche pas avec le Cosmosqui ne fait pas de sentiment, ne juge paset ne pardonne pas non plus, ce n'est pas son rôle. Par contre si vous regrettez vos mots, vous pouvez stopper les flèches et les malédictions lancées à condition de (1)d'agir rapidement en demandant pardon à Dieu pour qu'il stopper les flèches (2) avec un cœur pure et sincère, disons quec'est possible ! Avez-vous compris le travail que vous aurez à faire sinon ce crime vous sera imputéà votre mort. Pour éviter celail est avantageux pour vous d'éviter de traiter les autres en leur balançant des mots empoisonnés ; c'est pour cela que jésus vous demande de bénir votre prochain et de ne pas le maudire. Car la vengeance et la rétribution appartiennent à Dieu.

Je ne déteste pas Satan,je me méfie de lui ; c'est un motnégatif et actifqui fait partie de sa liste, parce qu'il rend difficile ma vie spirituelle sur la terre.Seulement ! N'oubliez pas qu'il est une créature de Dieuex-être de lumière, je le conçois ! Un sans cœursans amis qu'il ne faut pasdéfier ni solliciter quelque chose venant de luini de ses démons et qu'il ne faut surtout pas chercher àdétruire ses œuvres si vous n'êtes pas un chrétien confirmé par Dieu, détenant le pouvoir du St-Esprit et l'autorité de par son statut d'homme spirituel de Dieupeut l'utiliser et agirau nom de Jésus,face à Satan et àses démons. Même le chrétien qui agit sansnommer Jésus risqued'avoir un problème avec Satan qui va considérer qu'il agit pour son propre compte, parce qu'il ne peut pas s'en prendre à Dieu ni à Jésus qui est le bouclier du chrétien grâce au pouvoir du Saint-Esprit. N'oubliez pas que Satanest un ange puissant et de grande taille, qui a gardé tous les pouvoirsque Dieu lui a donné et qu'il sera toujours plus fortqu'un homme naturel. Parfois il faut savoir le laisser tranquille en évitant surtout de l'accuser de toutes les mauvaises choses qui se passent dans le monde, à partir du moment qu'il ne vous touche pas personnellementparce que, c'est vrai vous avez le droit de vous défendre,mais pas de le juger ni de l'insulter gratuitement ni trop parler de lui en utilisant des qualificatifs irrespectueux, parce qu'il ne fait que son travailen vérité ! Mais le pire serait d'éviter une confrontation avec lui afin d'éviter le danger le plus grave : La Mort définitive.Pensez-vous réellement que le Dieu éternel limite sa Création uniquement à

Satan et à l'homme? Pour ma part j'ai du mal à croire à cela ?Car à la fin des temps la planète Terre s'éteindra et Dieu continuera de créer parce ce que sa Création n'a pas de Fin.

Vous faites de même avec les Maladies parce que les esprits desMaladies se défendent des insultes,ils deviennent plus virulents et votre situation s'aggravera même si vous suivez un traitement quel qu'il soit parce qu'ils comprennent que vous risquez de les détruire alors ellesse multiplient etmutentjusqu'à la mort de leurs hôtes. Il existe des maladies virales chez certains hommes qui ne se développent pas, pourquoi selon vous ? Car tout mystère contient une réponse que vous ne pouvez ne pas donner, mais que celui qui sait vous donnera ...

Les anges n'utilisent pas un langage grossier ni insultant maisrespectueux, ilsparlent peu avec autorité et respect, sans chercher à détruire obligatoirement, les esprits du mal si ce n'est pas obligatoire mais vous pouvez négocier avec l'esprit de certains virus si vous acceptez de le garder en vous sans qu'ils vous détruisent et sans que vous ne les détruisez pas,mais il esttout de même nécessaire de consulter un médecin humain, parce que Dieu les a établi dans leur rôle des soins physiques et que le soin spirituel est compatible avec untraitement médical adapté! Soyez polis. Avez-vous compris ces choses ? Bien souvent il suffit de dire NON.Régulièrement vous me demandez pourquoi Dieu nedétruit- il pas Satan et ses démons? Je comprends votre question ? Mais c'est parce qu'à priori vous ne connaissez pas leurs rôles, mais sachez qu'il y a un temps pour tout et que cette décision appartient à Dieu, car vous ne devez pas souhaiter cela alors que c'est Dieu qui donna l'autorisation à Satan d'agir. Je vous conseille de faire attention à vos mots ? Car c'est à cause de vous qu'il granditen puissance à cause des péchés que vous partagez avec lui, de vos peurs,de vos faiblesses et surtout de votre Ignorancede la Parole, qui vous lientsolidement à lui.Pour qu'ils vous laissent tranquilles, il vous suffit de suivre les voies et les lois de Dieu et de donner votre vie à Jésus.

Je vous invite à suivre l'histoire d'un homme qui s'appelait Job, et qui possédait de grands biens.Or, les fils de Dieu vinrent un jour se présenter devant l'Eternel et Satan vint aussi au milieu d'eux pour se présenter aussi. L'Eternel lui dit : D'où vient viens-tu ?Et Satan répondit : De parcourir la terre et de m'y promener. L'Eternel lui dit : As-tu remarqué mon serviteur Job ? Il n'y a personne comme lui sur la terre : c'est un homme intègre et droit, craignant Dieu et se détournant du mal. Il demeure ferme dans son intégrité, et tu m'excites à le perdre sans motif. Et Satan répondit à l'Eternel : « [...] Tout ce que possède un homme, il le donne pour sa vie. Mais étends ta main touche à ses os et à sa chair et je suis sûr qu'il te maudit en face. L'Eternel dit à Satan : Voici, je te le livre ; seulement, épargne sa vie. Et Satan se retira. Puis il frappa job d'un ulcère malin, depuis la plante du pied jusqu'au sommet de la tête ».

Puis Dieu guérit son serviteur Job à qui il accorda de grandes bénédictionset lui rendit ses biens.Les esprits des Ténèbres ont la permission d'être des tentateurs et de vous causer un mal commeil a fait à Job pour vous tester avec l'accord du Père.Dieu les utilise pour tester la force des reins et de la solidité de la foi du croyant en Dieu.Ne renier jamais votre Dieu quand un malheur intervient dans votre vie, car c'est leur travail de vous tenter,mais c'est à vous de résister. Comme je vous l'ai déjà dit, suivez le comportement de Job dans sa détresse. Homme de foi, juste et fidèle à Dieu. Il a sûrement compris que grâce à son intelligence spirituelle que Dieu le Père,ne pouvait ne pas agir contre lui sans motif. Il a supporté et a résisté aux souffrances que lui a infligées Satan. Mais Dieu ne laisse pas la souffrance agir au-delà de ce que son serviteur peut supporter. C'est à l'homme d'être plus fort et plus éclairé qu'eux, pour ne pas renier son Dieu à cause de la souffrance, que moi aussi, j'ai subi.Jésus a souffert par amour pour nous, pourtant il nous aime éternellement. Car c'est à l'homme d'éviter de se faire tromper par les esprits malins mais l'homme n'a toujours pas compris que ce n'est pas à Dieu ni à Jésus ni aux anges de le protéger, mais que c'est à lui de se protéger de Satanen faisant des actions justes,et pas à Satan de se protéger de lui ; car Satan est ce qu'il est mais, il fait son travail.Dieu et les esprits de lumière laissent l'homme libre d'agirpour qu'il développe sa conscience pourqu'il soit responsable de ses orientations. J'ai compris cela.

JE ME SOUVIENS D'UNE OPERATION COMMANDO QUE J'AI ETE OBLIGE DE MENER SUR L'ÎLE

Le Seigneur me montre en vision un assassinatorchestré contre moi par trois femmes armées de couteaux et de poignard sur une voie sans embouteillage, en bord de merque j'emprunte habituellement pour effectuer mes soins,ce qui m'évite de traverser toute la ville, chose qu'apparemment les auteurs savaient ? Il est extrêmement important de bien visionnermentalement le lieu de l'attaque pour le reconnaître sur place et tenircomptede ses alentoursvus dans la vision. Une priorité pour éviter de se tromper de ciblece qui est un problème très grave à éviter,et surtout de perdrele produit (car je n'ai pas envie de revoir le pharmacien) . Il va falloir être réactifet déterminé pour bien se défendre sur le lieu de l'attaque, ce fut fait. Cette visionm'est apparue entre 5h45 et 6 heureshoraire proche de mon réveil habituel.Cette vision bouleversante stimule mon réveil prématuré, et à peine posé les pieds sur le tapis de sol, j'entends une voix qui me donne le nom du produit qui m'aidera. Imaginez – vous la panique ? Rapidement je note le nom du produitque je ne connais pasdu tout,tout en écoutant les mises en gardede la voix au moment de l'attaque, je suis désemparée... etc. Mais la peur me procure des tremblementsque j'aidu mal à contrôler ni à m'exprimer, car tout vasi vite ! Puis, en bafouillant je demande où trouver le produit à la voix...Le contact est coupé... Que faire ?Comment rappeler la voix ?

Les larmes me montent et je tourne en rond, car dans ma tête je ne suis pas prête à faire échouer le guet-apens préparé par ces femmes pour m'éliminer. Mais à voir leurs habits et leurs armes, il ne s'agissait pas de démones ni de sorcières, mais qui sont t'elles ?

Le jour même je me mets à la recherche du produit, evitant par distractionde rouler sur la dite route, avant l'affrontement. J'ai cherché dans les drogueries, dans des magasins de peintures etc. Cela dura trois semaines et toujours sans résultat alors là ! Je m'inquiète vraiment ?

Mais à la fin de ma tournéede ce jour- là ! Je passe devant la boutique ésotérique d'un ami non loin de mon cabinet,j'ai ressenticomme un coup de poing au niveau du sternum,de l'esprit angéliquequi m'envoie une pensée positive: « Pourquoi nepas demander à ton ami s'il connait le produit ? ».

C'est ce que je fais, je lui en parle sans lui donner de raison, il a eu un moment me réflexion etme dit : « Ah ! Attend » il va à l'étage et 2minutes après, il descend avec un livre ouvert à la main dans lequel on y voitle symbole chimique du produit ainsi que son nom scientifique. J'ai aussitôtcomprisque seul dans une pharmacie que je pourrai le trouver! Justement celle-ci se trouve de l'autre côté de la rue. Je salue le pharmacien qui me connait et je lui tends une feuillesur laquelle les noms du produitsont notés. Le temps passe au ralenti. Mal à l'aise,la boule au ventreje fais mine de m'intéresser aux produits de soinsdans le rayon, quand tout à coup j'entends la voix du pharmacien sonner comme le glas de la dernière chancequi medemande :« C'est pour quoi faire ? »Mon cœur battait la chamadeje lui réponds « que c'est pour détruire des nuisibles » (ce qui n'était pas faux à vrai dire) sans le regarder puis il me tend un petit sachet de poudre blanche que j'ai payéebien évidemment au prix fort sans négociation parce que j'ai été avertie,et je suis partie.

J'étais au bord de l'arrêt respiratoirealors que tout se trouvait dans un triangle avec mon cabinet, c'est alors que j'ai compris pourquoi le contact avec la voix fut coupé, ceci est ma participation. « Chercher et vous trouverez parole de Jésus ».Dieu aime celui qui travaille pour protéger sa vie

Satisfaite je rentre chez moi le sourire aux lèvres !

Une semaine est passée... Une deuxième s'annonceet pas de nouvelle de la voix mais celaje l'avoue ne m'inquiète pas plus que ça ! Peut - être m'avait-telle oubliée ?

Le matin dece jour- là ! Je m'affère au grand nettoyage de la maison, arrivée sur la terrassemon balai serpillière à la main, je sursaute en entendant : « n'as-tu pas quelque chose à faire ? ». OH mon Dieu !Lavoix me dit qu'il faut que ma mission se fasse cet après-midi. Nous sommes déjà en fin de matinée, j'ai 13 km à parcourir, ma tournée à faire et bientôtlesoir tombera sur la ville. La voix me rappelle que je dois faire exactement ce que j'ai vu, ok !Mais le hic c'est que je ne suis pas du tout d'accord avec elle ! Je lui donne alors, toutes des raisons valables qui m'empêcheraient d'y aller surtout en pleinjour...Etc. En pleinediscussion elle m'interromptpour me demander d'arrêter de me plaindre et que Jésus a souffert plus moi, oui mais... ? Pas de mais, Il ne me reste plus qu'à m'exécuter puisque bientôt je serai à la fin de mon Destin.

J'ai chaud et j'ai froid, je ne sais plus où j'ai posé le sachetet j'aioublié en partie ce que j'ai vu. Je suis face à un problème grave ?Je respire profondément.

Je suis prête ! Arrivée au début de la rue ma mission commence, je m'approche lentement du point d'attaque mais il y a un autre problème, je ne peux pas agir parce qu'il y a de l'autre côté de la rue face à moi, un homme assis sur sa terrasse me regarde ; Que faire ? Car je ne dois pas traverser le point de rencontre pour atteindre l'autre côté de la route pour aller tout droit, parce que je serai tuée, alors je recule de 4m environ, et je dis à la voix, parce que je suis sûre qu'elle veille à ce que je fais. Nerveuse, je rouspètelui reprochant de me faire pratiquer des actes en plein jour où je serai vue, mon ardeur s'est tiédie 10mnplus tard, j'avance au ralenti en m'assurant que l'homme sur la terrasse ne sera plus là, ce fut fait ! C'est à ce moment que je récupère la poudre dans ma main,et à une vitesse supérieure de celle d'avant, je la saupoudre sur ces femmes en disant que j'agis au nom de Jésus et j'ai crié Michel accompagne moi ! Et je suis passéedevantces femmes sans me retourner, tel que j'ai vu dans la vision. J'ai été forte et confiantejusqu'au bout ; car derrière mon petit gabarit se cache une force extrême du pouvoir de l'Esprit. Suis-je vivante ou morte ? Parce qu'il se passe quelque chose en moi maintenant ? J'ai pensé à l'homme du Magazine VOICI (sourire) parce qu'en réalitépersonne n'aurait pu me voir parce que j'étais invisible à ses yeuxhumains, mais cela je ne le savais pas ! Puis, j'ai entamé directement ma tournée du soir puisque j'étais déjà dans la ville. Les jours suivants je ne faisais qu'emprunter cette rue, toujours hantée par ce qui aurait pu être dramatique pour moi.

Mission accomplie merci la voix !

La foi ferme, c'est quoi pour vous? C'est ce que vous venez de lire sans utiliser le troisième œil, en sachant qu'il se passe toujours quelque chose derrière le rideau du temps puisque vous n'êtes pas seuls mais un trio.

LE JOUR OU JE FUS VISITEE PAR UN CHIEN/ DEMON : Le récit de mon être astral

Dans mon sommeil, j'entends des grognements d'une bête enragée dans ma chambre sans que mon corps physique se réveille, je vois mon être astral debout aux pieds du lit qui regarde mon corps physiqueendormi, il suit la scène et voit l'énorme chien noir aux canines acérées, en rage prêt à me sauter dessusqui fait couler de sa gueuleune quantité de bave et de mousse sur le sol,se rapprocher,prêt à bondir sur le lit. L'être astral regarde mon corps toujours endormi,et voit sortir hors de mon corps dans une position latérale,un angede blanc vêtu, déployer ses jolies ailes blanches, s'assoir surle bord du lit,puis deses deux mains, l'ange attrape la tête du colosse et lui écrase le museau à l'aplatiret le tue. Je me réveille plus tard en vie.

J'ai mis un temps à comprendre ce qui s'était passé et c'est mon être astral qui m'a tout raconté, puis j'ai partagé ce récit avec mes amisqui sont fascinés par mes histoires surnaturelles. Dès ma naissance sur cette terre, je n'ai jamais été écartée du monde invisible. Je suisun esprit libre d'agir dans certainesmissions spirituelles, sans l'aide d'un ange.

Quand vous dormez, beaucoup de choses se passent,d'où l'importance de la prière de protection le soir pour vos3 corps, en évitant le plus possible de prendre les somnifères, d'allumer les bougies parfumées et surtout demettre de la musiqueavant de vous endormir, mais si vous vous réveillez dans la nuit : Prier Dieu.

LE JOUR OU L'ANGE DU SEIGNEUR M'OUVRIT LES ECRITURES

Sur l'île, il est 8h ce matin-là !Le soleil est bien présent. Aujourd'hui c'est le jour du ramassagedes déchets ménagers, je pose la poubelle verte à sa place habituelle (je suis triste et fatiguée parce que je n'ai pas fermé les yeux de la nuit à surveiller les esprits qui passent et qui repassent dans le séjour, on dirait un hall de Gare, mais ilsn'entrent pas dans ma chambre. De mon œil spirituel je les vois à travers le mur commun du Séjour. Bref ! Une main sur la poignée de la poubelle verte, mon seul témoin du moment et je regarde de loin la mer. Elle est calme et je l'envie. Jeraconteà la meret au ciel de ce que je vis, tout en jetant des regards furtifs et inquiétantssur la maison : Je vois l'Obscurité en elle. Je flotte dans le bleu de l'OcéanAtlantique, etde celui du ciel quand une voix me sort de la plénitude demon repos ouaté, mérité, je me retourne pour voir qui me parle, je ne vois personne, mais la voix continue àme parler, j'écoute attentivement et je comprends qu'elle me parle de choses Bibliques du monde, c'est le bonjour de ma voisine revenue de son temple religieux qui interrompt l'entretien, bien que j'ai retenu une grande partie de l'enseignement de la voix,sans m'en rendre compte. Je regarde une dernière fois la maison de l'extérieur,qui m'effraieà l'idée de défier l'obscurité intérieurede la chambre,pourrécupérer la Bible afin de vérifier les dires de la voix. Pleurantsur elle craignant, qu'un esprit se joue de moi. Mais, Tout ce que j'ai retenu de la voix est écrit ? Il est tard ? Rassurée, je posela Bible ouverte sur un petit meuble dans ma chambre avec une petite bougie blanche sur une soucoupe,le regard oscillant à la lueur agitée de celle-ci. Ainsi, je me mets à lire la Bible au hasard des pages, et voilà qu'un esprit me dit : « Ne lit pas cela ce ne sont que des bêtises »il est clair que je ne suis pas seule, et qu'un esprit est avec moi ! Un esprit que j'invite à quitter ma maison et ne de plus revenir. 23h, la nuit est noire sous les tropiques, c'est l'heure de me coucher…

Je me suis endormie. Maisà un moment de la nuit. je me retourne, faisant face au meuble sur lequel est posée la Bible et j'aperçois une ombre, j'insiste à la regarder et je comprends qu'il s'agit d'un ange posté devant la Bible dans une position de prière, mais pour m'assurer de ce que je crois voir, je me lève pour enlever sur le paravent qui me protège de la lumière de la bougie, et tout ce qui pourrait créer des ombres (écharpe, foulard,etc.) puis je vaisme coucher et l'ombre de l'ange réapparait dans sa position initiale, telle une projection ? Je suis bouche bée ? L'ange est très grand, ses ailes prennent la forme du plafond, j'ai peur mais je le regarde faire. Mon angoisse s'est doucement apaisée lorsque j'ai ressenti l'énergie féminine quelle dégageet j'ai fini par m'endormir en paix pour la première fois depuislongtemps. Le lendemain à la même heure de la nuit, l'ange gardait sa même position, sans jamais me regarder ni s'adresser à moi. Cela a duré 1semaine. En me couchant, je vérifiais sa présence devenue vitale pour moi, je ne la craignais plus. Enfin ! Des nuits sans démon. Puis un soir, elle n'était plus là; c'est la catastrophe chez moi ! J'ai appelé l'ange, lui demandant pourquoi elle m'a laissé seule, hélas ! Ma demande est restée sans réponse. J'ai pleuré toute la nuit. Le lendemain au réveil,je ne souffrais plus ; mais je ne l'ai jamais oublié et je lui dis Merci...

J'ai appris les raisons de sa présence et depuis je prends plaisir à lire la Bible sans bailler, quand je ressens le besoin. L'ange a levé le voile sur les Psaumes afin que je les comprenne. J'ai compris de même que le pouvoir de Dieu ne s'obtient pas sans un sacrifice.

AUTREMENT :

Je suis protégée et aidée dans mon quotidien par les anges de lumière, des entités et esprits gentils dans mes déplacements, je suis toujours prise en charge par un local du pays que je visite, au grand étonnement des amis qui m'accompagnent. Pendant ma tuberculose n'arrivant pas à dormir, j'ai usé des somnifères assez longtemps pour ne plus pouvoir m'en passer, un soir le comprimé dans la main, la voix me demande d'arrêter de prendre ce comprimé. Hésitante, j'ai écouté la voix, mais il est vrai que j'ai passé une nuit trèsagitée. Ce fut la première nuit sans somnifère, un médicament dangereux pour mon statut d'être spirituel parce que les esprits peuvent m'attaquée dans mon sommeil sans pouvoir me défendre.

Je reçois des messages visuels des anges qui s'inscrivent parfois dans les nuages. Dans un moment de ma vie, je souffrais d'une maladie étrange et le traitement au naturelétait étrange lui aussi, s'était inscrit dans le cielque j'ai noté, recherché et trouvé sur le marché de ma ville, je l'ai suivi et je fus guérie sinon j'allais mourir.

15H3O J'ai reçu un message en Hébreuavant de partir faire ma tournée, que je n'ai pas pu le lire en entier, bien que j'ai été réveillée par un « toc- toc » sur le plateau du chevet, mais fatiguée, je n'ai pas pu sortir du lit à temps et quand j'ai regardé le ciel, il était trop tard. Le message écrit en gouttes d'eau cristalline, d'une beauté pure et divine commençaient à éclater comme des bulles par sa fin pour atteindre le début, disons de droite à gauche pour disparaître complètement. Déçue, je me suis mise à pleurer. Des choses bizarres m'arrivent, comme une chose est sûre que des personnes me disent ne pas comprendre quand je leur parle, ma secrétaire aussi : Je parle en langue de temps en temps sans m'en rendre compte mais je sais que c'est de l'hébreu!

Oralement : Par la pensée, Je parle avec la voix qui me donne des instructions.

En vision, pour mes maladies spirituelles et pour le bien être du corps, l'ange me montre les plantes à utiliser avec les photosdans ma mémoire, et je les recherche soit en forêt ou chez des personnes inconnues, chez mes patientsou sur le marché

Parfois cela peut venir d'un esprit bienveillant qui serait unmédecin dans son monde que je vois en vision.

J'ai longtemps souffert de maux d'estomac, mais je n'en parlais pas spécialement autour de moi, puis un jour j'en parlais à moi-même, parce que j'avais vraiment mal, j'ai pris le médicament prescrit par mon médecin, mais il ne fut pas efficace c'est comme si je n'avais rien pris. Puis 3jours après, en faisant la vaissellej'entends une voix quime dit: « Mange des radis pour ton estomac ». J'ai laissé en plan la vaisselle pour parcourir 17km à la recherche du radis rouge au Centre commercial de baie- Mahaut, il y a de cela une dizaine d'années à peu près ! Et ces maux ont disparu depuis. Des choses simples et naturelles, mais il fallait le savoir !

Une dernière : La veille du jour dont je vous parle tout allait bien mais à mon réveil le lendemain, rien n'allait, si bien que j'ai dûgarder le lit toute la matinée, quand soudain j'entends la voix douce du médecin esprit qui me dit : « Mange les aliments qui commence par « o » dans l'ordre de mes préférences. J'ai suivi mon traitement avec plaisir, et c'est tout...

En ce qui concerne les anti- douleurs je prenais des thés de feuilles de Doliprane, etc...

C'est juste un aperçu parce que La liste esttrès longue.

Je ne sais toujours pas QUI JE SUIS ?

DEUX ANS OU TROIS AVANT 2010 ?

Dans mon sommeil je reçois une vision : « Je suis hors d'un bâtiment cossu, un côté de celui-ci d'où je peux voir une grande salle remplie de personnes bien habillées, un peu comme un stade. Tout d'un coup, la grande porte à ma droite s'ouvre pour laisser entrer un couple avec un enfant devant eux, qui ouvre la marche sur un tapis rouge, vêtustous d'habits royaux et ... Les images ont disparues...

A dire vrai je n'avais pas compris ou du moins je n'ai pas voulu tombée dans l'imagination.Car les visions que je reçois sont véridiques, c'est à moi d'en comprendre le sens et c'est la partie la plus difficile.

NOUS SOMMES EN DECEMBRE 2010 JE VOUS PRESENTE MA PREMIERE VISION COMPLLETE ECRITE EN QUINZE JOURS...

C'est un de mes récits le plus complet de mes expériences spirituelles que j'ai vécu à travers une visionen Israël et à Jérusalem. La Martinique le pays où je suis née, je voyais le ciel et je touchais du doigt les étoiles la nuit quand je dormais dans ma chambre avec des esprits, c'est dans ce lieu que j'ai reçu ma plus grande leçon de vie avec des habitants d'un monde Invisible. Ce matin, je suis dans un pays inconnu. Je ne sais pas pourquoi j'y suis ?

Au loin je vois arriver un homme, il est seul. Cet homme conduitune charretteet vient vers moi m'annoncer une mauvaise nouvelle. Je refuse de l'écouter. Terrifiée par ce message, je comprends que je dois mener un combat pour ma vie dans le Passé. Un récit léger et rare dans notre siècle, chargé d'émotions fortes qui vous capturera du début à la fin. Un retour dans un passé très lointain dans le même temps si proche de nous, avant la venue de Jésus dans ce monde.Je suis à la porte du ciel dans un monde Passé mais comment faire pour revenir dans le Présent ?

DECEMBBRE 2O1O

J'ai pris conscience de cette duplicitéà partir du moment où même éveillée, je me surprenais à être en terre inconnueou dans un lieuà faire des choses. Parfois,au volant de ma voiture l'étrangeté survient difficilement explicable par moi... Je sais que je conduis...Je sais où je vais sans connaître les raisons. Parfois j'arrive à une destination sans trop comprendre comment j'y suis parvenue ; car je peux vous l'avouer, c'est comme si une puissance invisible était aux commandes de mes actions sans que je la vois.

De ces possibilités que certaines personnes qualifient de paranormales, je n'en suis point mal à l'aise puisque cela fait partie de mes possibilités spirituelles. Elles me permettent d'accéder à l'ouverture des portes des Intelligences. Pendant mes voyages, je rencontre différentes créatures dont certaines sont devenues des connaissances qu'en réalité je ne vois pas, mais que je reconnais à la voix, disons le même schéma que sur la terre.

Ma mission est d'aider mon prochain à réaliserle début de sa vie spirituelle qu'il améliorera au fur et à mesure de ses connaissances. Les capacités de mon esprit et ma vision du troisièmeœil m'ouvrent les portes du monde invisible ; un monde invisible au simple humain dit homme naturel.

Je vis deux vies spirituelles, dont une humaine qui s'adapte aux règles sociétales qui est pour moi difficile à gérer ; car c'est celle qui m'attire le plus de souffrances et énormément de persécutions morales. Je ne connais point de repos dans ma vie ; car je dois être toujours sur mes gardes de jours comme de nuits. Parfois, il m'est arrivé de vouloir rester dans un de ces mondes où les habitants sontaccueillants, quoi que accueillants ou pas, ce n'est pas toujours utile pour moi, puisque tout doit se régler spirituellementet que je ne suis pas seule. Je reconnais les invisibles à leur odeur indéfinissable, et à leur degré d'énergie lors de leurs visites surprises dans ma chambre (c'est là un bel avantage de savoir ce que veut faire son ennemi, alors qu'il ignoreque vous savez). Les êtres de lumière possèdent une science plus avancée que la nôtre pour soigner toutes sortes de maladies aux hommes de foi. Ils me révèlent le secret de certaines plantes et de la vie en général parce qu'ils connaissent ce nous ne savons pas.

Depuis, je bénéficie de leurs bons soins pour ce que je reçois comme fluides lors de mes déplacements et des maladies spirituelles inconnues de notre médecine physique, excepter les invisibles, bien évidemment ! Pendant que l'homme du monde parle de Psychologie ou de maladies mentales. Il y a plus de 10ansque j'ai subi une intervention chirurgicale dans un bloc opératoire céleste : « Je fus opérée et guérie le temps d'un sommeil, alors que sur terre aucun médecinn'est arrivé àtrouver la cause. Parfois quand je pense au chirurgien, je souris tout simplement parce que je sais qu'il me voit ! » Le plus compliqué est deramener les informations dans la vie des mortels ; car c'est le circuit du grain de Sénevé que nous a expliqué Jésus mais je n'y arrive pas toujours, je suis entendue, c'est vrai ! Mais pascrue,puis ce que j'ai ditest oublié dans les têtes ; car mon rôle est devous le dire pour que vous évitez de dire que vous ne l'avez pas su ; ce quiest une grande fierté pour moi ; car cela fait partie de mes missionsceci dit, après que vous me croyez ou pasfaites votre choix.Je vous parle de celaafin que vous croyiez au pouvoir du Saint- esprit qui vous rend libre de voler comme les oiseaux du ciel. Il est vrai que je cherche à lever un tabou sur la peur de l'inconnu, les mystères de la création et de l'au-delà afin que vous arrêtiezde dire que« ça n'existe pas »tout simplement, parce que vous ne pouvez pas tout connaître, tout comprendre ni tout voir.

Maintenant, je vais vous parler d'une rencontre, une de mes expériences la plus marquante, qui portera un réel changement dans ma vie future spirituelle; je tiens à vous en parler parce que je sais que beaucoup d'entre vous vivent cela sans les comprendre.Vous vous souviendrez des rêves qui vous ont marqués au réveil, sachez que tout a une explication, levisible et l'invisible sont deux mondes que nous côtoyons dès notre naissance, à travers nos rêves et nos cauchemars ; car vous ne savez pas quoi en tirer,parce ce que pour vous, cen'est pas réelet pourtant vous les vivez avec les entités que vous croyez humains mais avec le temps,ils peuvent refaire surface pour vous transmettre un message plus clair sur votre avenir, si vous êtes réceptifs.

Il est important à l'homme de mieux se connaître pour qu'il puisse prendre soin de ses corps ; car à ce jour, les scientifiques ne connaissent pas grands choses sur le cerveau ni sur la Maladie et autres choses ... Il est vrai que l'âme et l'esprit qui nous unissent à Dieu est le domaine des esprits que seul un être spirituel comprend. Mais l'épreuve qui va suivre sera chargée d'émotions fortes ; un récit vivant qui se passe dans une dimension qui ne vous laissera aucun moyen d'en sortir, si la mission n'est pas achevée.

De cette histoire vraie, écrite telle que l'ai vécue en VO, je retirerai une grande leçon d'humilité ; car l'univers ne révèlent pas ses secrets à tous les hommes, mais le fait à celui qui parvient à s'élever vers les hauteurs des régions des êtres lumineux et rapporter la connaissance pour l'édification de tous. En réalité, nous ne sommes jamais assez préparés à voir des choses du ciel sans effroi. Devenir un être de lumière, c'est ce qui déterminera notre réelle identité spirituel. La connaissance et l'amour sont les clés qui ouvrent les portes des mystères que Dieu dévoile à qui il veut bien le faire. Certains responsables religieux dans leur enseignement parlent du Saint-Esprit aux fidèles comme siqu'il est accessible à tous mais jamais de son pouvoir, c'est une puissance donné par le souffle de Dieu et de Jésus aux chrétiens apôtres de Jésus.

Les films d'horreurs conditionnent chez l'hommela peur de l'au-delà, des esprits et de la mort ; car en réalité les choses ne se passent pas comme on vous les montre. Accepter d'écouter ceux qui vous parlent des possibilités de leur esprit. N'ayez pas peurs d'eux ayez confiance en vous.

Dieu est actif, soyez le aussi.

MOURIR UN 25 DECEMBRE 2010

GUADELOUPE FIN 2010 : Voilà ce que j'ai vu, entendu et vécu.

Nous sommes le mardi 13 Décembre 2010, il est 21 heures. La tête au Nord, les pieds au Sud, la position idéale pour dormir et faire les bonnes rencontres ailleurs ; loin de me douter que ce n'est pas le bon jour pour cela. Je me suis rapidement endormie et le vide envahit mes pensées. Me voilà transportée dans un lieu qui au premier abord, m'est inconnu.

Je suis sur le bas–côté d'une large voie de terre ocre composée de plusieurs carrefours sans bitume et sans trottoir, peut-être un chemin trop large pour en être un sentier? Je suis troublée face à cette large surface déserte et sans vie. Pourquoi suis-je ici ? Je cherche du regard un panneau de signalisation pour m'aider à savoir où je me retrouve ? Il n'y a rien qui puisse me rassurer, c'est à ce moment que je comprends que je ne suis pas seule ; car à ma gauche il y a ma fille cadette,silencieuse. Je la regarde surprise de la voir là ! Quand soudain ! Au loin ! Surgit dans mon champ de vision, une charrette en bois conduite par un homme brun longiligne aux traits fins du visage ; un homme d'âge mûr vêtu d'une tunique bleu roi. Il se frayait un passage parmi les petits caillouxqui grincent sous les roues de métal de la charrette ; Il cherche à s'approcher de moi soulevant une poussière étouffante de mon côté ; c'est à cet instant que je vois des gens circuler anarchiquement à droite et à gauche avec des sacs en toile sur la tête et sur les épaules. Ma vision s'éclaircit et tout devient claire,c'est alors que je comprends que je suis aux abords d'une place, mais d'un marché :Le début des activités desgensde ce pays

Arrivé face à moi, l'homme arrêta sa charrette et me dit : « Tu meurs, pas ce samedi mais l'autre, seulement je peux t'aider (à quoi faire ?) Si... » Je ne veux plus rien entendre...

Que je sois éveillée ou endormie, entendre que l'on va mourir réveille en vous un sentiment d'impuissance, qui déclenche au plus profond de vous une angoisse incontrôlée. J'ai eu l'impression qu'entre cet homme et moi,qu'il y a un lien qui nous unit, mais lequel ? Je n'ai pas pu connu la suite de ce qu'il devait me dire. Pourquoi ? Je sais ! Le mot « mort » a fonctionné comme une directive qui déclenche l'instinct de survie. Je n'ai pas eu le souvenir de lui avoir parlé après l'annonce ? Je n'ai fait que l'entendre sans enregistrer ses dires. Toujours debout sur les à-côtésen friche du chemin. Tout allait très vite mais J'ai tout de même compris qu'il s'agissait d'un rendez-vous programmé avec cet homme, mais par qui ? Cet homme est venu m'annoncer ma mort prochaine, maisilme semble n'avoir qu'une hâtede continuer son chemin. Qui est cet homme ?

Continu-t-il à me parler ? Je ne veux plus l'écouter. Il n'a pas essayé de descendre de sa charrette. Finalement, il me semble avoir fait une halte ici, juste pour me parler du message sans doute important ? J'ai voulu pénétrer sa pensée mais je n'y arrivais pas.

Soudain !

Frappée par le chargement de la charrette toujours en face de moi, voilà ce que je vois, plusieurs plants de Bougainvillier ; un arbustegrimpant avec de longues ramifications tombantes et épineuses, bien connu des pays chauds, je décroche de la discussion.

Qui est cet homme ? Je ne comprends pas ?

Je regarde pensive, mais dès ma première pensée, j'ai su que j'étais dans un pays chaud mais lequel ?

Je me suis dit que cet homme connait ma grande passion pour les jolies fleurs. Cette variété d'arbuste tient tout son charme et sa renommée du fait, de la beauté de ses fleurs. Ses branches couvertes d'épines, servent de supports aux nids des colibris les protégeant d'éventuels prédateurs, ses fleurs m'enchantent vraiment ! Je les admire secrètement quand elles retombent en chute, certaines de ses ramifications choisissent d'aller vers le ciel pour offrir au soleil du matin, ses jolies fleurs aux couleurs éclatantes ravivéespar les rayons du soleil du sud,avant d'être taillées le long de la clôture du voisin, le jardinier.Quel spectacle !

Coup de cœur, coup au cœur je suis sous leur charme. Avec insistance, je regarde à l'intérieur de la charrette et je vois une trentaine de petits plants chargés de fleurs de couleurs vives et variées, tels le rouge, l'orange, le violet, le blanc et le jaune...Je n'ai pas voulu questionner l'homme sur la provenance de ces fleurs, de peur qu'il me parle à nouveau de ma mort.

Cet homme est sûrement un messager venu de l'espace- temps se trouvait auprès de moi et semble me connaître,c'est merveilleux ! Vient-t-il d'un lieu où on s'est connu ? Les présentations sont inutiles maintenant, c'est trop tard, malgré ce lien invisible qui nous rapproche dans le même temps...

Soudain ! J'ai ressenti une douleur au sternum qui me parle : C'est comme si elle me disait « regarde bien », ce n'est qu'à ce moment–làque j'aperçois une autre plante, l'unique de son espèce, se distinguant des autres par le port de ses jolies fleurs mauves-pourpres en forme de clochettes. Cet homme, sans s'adresser à moi l'a récupère,et la tend à ma fille qui lui prend des mains sans rien me parler, tandis que l'homme continu de lui faire la conversation durant le rendez-vous qui a duré un temps,sans un regard. L'homme ne parlaitqu'à ma fille.

Mais qui est cet homme ? Je ne comprends pas. Quel est ce lieu ?

Je me suis dit que cet homme connait mes penchants dont ma grande passion pour les jolies fleurs. J'ai eu le sentiment que les d'euxm'ignoraient ou que je suis invisible ? J'assiste à la scène sans trop comprendre et je dis à moi-même : « Mais pourquoi ne pas lui avoir donné une de celles aux multiples fleurs de couleurs variées du bougainvillier qui est dans la charrette ? »

C'est alors que je dis à ma fille, légèrement agacée : « Pourquoi as-tu pris cette plante ? Je l'ai déjà dans mon jardin, tu aurais dû lui demanderun plan avec les jolies fleurs tombantes puisque je ne l'ai pas » ?

Elle me répond : « ça ne fait rien si tu l'a déjà, ce sera un plan deplus ».

Je regarde en direction de l'homme qui a disparu, bien évidemment pendant que je discutais avec ma fille ?

… EtLe contact est rompu ?

Au loin un ronflement qui me rappelle le bruit d'un moteur, et me réveille… Quelle heureest-t-il ?

Il est 8h30 à mon réveil.

Il est tard ! La lumière du jour traverse déjà les interstices des volets clos de ma chambre, je sors du lit en jurant de ne plus m'endormir dans cette position.

Epuisée, songeuse avec en mémoire le souvenir de ma rencontre de ce matin. Mon premier réflexe fut d'ouvrir les volets pour identifier le bruit du dehors, je ne m'étais pas trompée, il venait de chez le voisin d'en face, c'est l'équipe du jardinage qui s'occupe de la pelouse. Ce n'est que le bruit du moteur de la débroussailleuse, ouf !

Les mains tenant chacun un battant des volets, respirant l'air frais du matin qui évente, une odeur d'encens des fleurs du jardin, contente d'être à la maison ! Happée par le panorama que m'offrent les montagnes de la commune voisine et de la mer ensoleillée. Je cherche à effacer de ma mémoire la rencontre d'avec l'homme de mon rendez-vous à Jérusalem ou enIsraël ; car je l'ai su plus tard ?

Je retourne à la fenêtre côté voisin, les yeux vers le ciel au-dessus du toit de sa maison, me nourrissant de la beauté de la Résidence, je suis heureuse ! Puis,les baissant doucement, savez-vous ce que je vois ! Un signe de l'homme de ma vision etje dis à haute voix : « Cet homme m'a suivie ? La mort mepoursuit-elle ? » Rappelez-vous quand je vous ai dit qu'il était à côté ? Car sur le sol en dehors de la barrière du voisin, sontposées en un bouquet des branches des fleurs aux couleurs vives que cet homme avait dans sa charrette, le plan de l'arbuste que je voulais tant ! Et ce n'est qu'à ce moment que j'ai compris que ma rencontre avec cet homme est réelleet qu'il me le faisait savoir, ce fut un grand choc pour moi.

En état d'hyperactivité physique et mentale, je suffoque, cherchant l'air pour me calmer et me ressaisir pour récupérer mes idées claires. Me calmer était impératif ; car pour accéder au séjour, il mefallait emprunter les escaliers et le mot d'ordre est « d 'éviter la chute ». Quinze à vingt minutes se sont écoulées, c'est le moment de reprendremes espritspour faire le point de la situation, alors je parle à moi-même, ok ! : « Ce que tu as vu est vrai, garde le en mémoire car le moindre des détails a son importance ». Après réflexion, c'est au tour des questions : « Dois-je récupérer le bouquet qui est toujours sur le sol ? Est-ce un cadeau de l'homme ? Mais si, c'est un cadeau de l'homme et que je l'accepte, cela voudrait dire que je crois à son message ou c'est peut-être le signe qu'il peut m'aider à éloigner la mort de moi? Mais le temps d'avoir les idées claires, je sors de la maison pour récupérer le bouquet et ... Mais où est-t-il ? Il n'est plus sur le sol !

Je fus envahie d'une peur paralysante. Que faire maintenant ? Mes aïeux ! Je regarde autour de moil'air désabusé en direction de la route, à travers les espaces des grands arbres, j'entends le frissonnement des palmes des grands cocotiers en bordure de la Nationale, bousculées par le vent mêlé aux chants des oiseaux, vire voltant autours des cajous. Des végétaux trainent sur le bitume avec les hommes embarqués à l'arrière de la benneorange qui semblent me fuir, et les larmesde regrets coulent sur mes joues !

Pourquoi si tôt aujourd'hui ? Désespérée, je suis du regard la benne jusqu'à ce qu'elle disparaisse, emportant dans le même temps le souvenir de l'homme et mes espoirs aussi.

Cherchant àme rassurer, je me suis dittoujours à moi-même :

« Ne panique pas, tu as le temps puisque ce n 'est pas ce samedi-là ».

Sans tarder, je vérifie sur le calendrier pour connaître quel Samedi sera lejour de mon départ de ce monde ;bien qu'en réalité, cela m'importe peu. Je tiens urgemment à savoir malgrétout, combien de temps me restent 'il à vivre :... Douze jours, comment ça... douze jours ?

Les portes du temps se fermeront bientôt sur moi et ma destinée sera derrière moi.

PARTIE 2

POURQUOI CE SAMEDI 2010 ?

Ce matin-là, j'ai parlé de ce rendez-vous à mes proches et auxamis, la réponse était toujours : « Tu crois ? Tu me fais peur ; es-tu sûres que tu vas mourir ? » Des réponses ne me rassuraient pas vraiment.C'est alors que j'ai su que je suis seule, face à mon court destin. Je pensais par bribes, c'était la confusion dans mes pensées, parce que la situation m'échappait, pourtant il fallait que je réagisse. Mourir dans douze jours ... là comme çà ? C'est impossible !

Cela pourrait être une mise en garde ?

Quel est le danger qui me guette tapi comme un lion à côté de mon avenir ? Soudain ! Une lueur d'espoir brille en moi.

Seul l'Eternel m'aidera. Prosternée, je prie et implore mon Dieu au nom de mon guide. Rappelez-vous de la plante esseulée dans la charrette de l'homme !

Je me rendis dans le jardinà la recherche de la plante qui se trouve à l'abri du grand amandier du jardin, face au Deck. Je le savais puisque c'est moi qui l'ai plantée! AH ! Je la vois ! Je la regarde attentionnéeet émue, donnant le temps à ma mémoire de faire remonter l'image de celle de la vision : Il s'agit bien d'elle ! Un peu abimer par trop ombre ? Alorsje prélève délicatement des petites branches fragiles ainsi que quelques fleurs étouffées puis j'ai fait le tour du jardin. Je me sentais légère et vaseuse, j'avais la sensation de flotter et d'être sur le point de m'évanouir en murmurant : « Seigneur aide-moi, je ne veux pas mourir, envoie-moi un signe de toi me prouvant que tu me vois ; car je souhaite encore te servir ici- bas ? ». Je regagne la maison, celle dans laquelle où tout a commencé sans m'arrêter de prier, et de louer le Seigneur, convaincue qu'il est mon ultime secours.

Il est bientôt 11 h, le Soleil ne tardera pas à envahir la terrassede bois . Il fait chaud et la mer brilledéjà de mille feux sous des nuages épars. Je suis triste et seule.

Je m'installe dans mon rocking-chair dans un balancement d'avant et arrière, le regard figé sur le bouquet serré dans les mains, jusqu'à ne plus le voir. Un temps de réflexion s'imposait. La situation est contrôlée, je pense ?J'avoue qu'en réalité depuis mon réveil je ne fais que cela. Enfin ! Uneidée me vient à l'esprit, celle de me baigner, comment ? Et puis, d'où vient-t-elle ?Je me méfie d'elle ? Les questions fusent à m'embrouiller l'esprit, elles se font et se défont ? Mais il est clair que vu mon état psychologique la situation est grave. Dans ce cas précis, il y a urgencealors je me résigne à me dire : «Pourquoi pas ? ».

Le pas pressant, je me dirige vers la cuisine avec la ferme intention de faire infuser le bouquetde l'espoir. Il est 16h. Tous mes gestes furent accompagnés de prières et d'espoirs. J'effectuerai le rituel du pénitent.La mixture récupérée du bouquet était brunâtre et inodore quej'utiliserai comme un baptême spirituel, je ne sais pas ? Je suis perdue !

Il est alors 23heures

Je suis inquiète à la limite du découragement, je me lève et me dirige vers le fait-tout rempli de ce liquide,en vue d'en prélever une quantité suffisante pour en tester sa réaction sur mon avant-bras. J'étais effrayée à cette idée mais il fallait que je le fasse. Ceci fait, il n'y a pas eu de réaction, tout va bien ! Une vraie course à la vie. Mais à nouveau, le doute se réinstalle en moi, mon cœur s'emballe car dans ma tête j'entends :

« DE QUOI AVEZ-VOUS PEUR, HOMME DE PEU DE FOI ? ».J'ai reconnu les paroles de Jésus de Nazareth.

Je me redresse tel un soldat avant la bataille, prête à vivre mon premier combat.

J'enjambe la baignoire puis je verse le contenu du récipient sur ma tête en pensant au baptême, puis mon corps entier en fut imprégné, j'ai bu quelques gouttes, en mettant à l'épreuve ma foi dans le produit, dont je ne connais pas les risques,persuadée que son effet me sera bénéfique puisque j'ai gardé la foi.

MOURIR AUJOURD'HUI OU SAMEDI OU EST LA DIFFERENCE ?

Mon rituel achevé, je fus à nouveau prise de panique quand je me suis rappelé les paroles de Jésus de Nazareth : « CELUI QUI CHERCHERA A SAUVE SA VIE CE JOUR LA, LA PERDRA ». Ces paroles me font tout remettre en question. Ne serais- je pas digne de mon Seigneur ?

Et si ? A l'instant de ce jour se trouve être ce jour-là, celui dont parle Jésus de Nazareth ?

Le baptême tel que je l'ai nommé est achevé. Tout c'est bien déroulé, j'ai pris soin au contactdu produit de faire le bilan à la fin de ma douche: Pas de pertes de cheveux - pas de de lambeaux de peau, pas de cloques ...tout va bien dans le meilleurs des mondes !

Il est 00 h, je tombe de sommeil, à demain ?

Le jour se lève et moi aussi. Ma nuit fut agitée et je n'ai pas revu l'homme da ma vision. Mais cette fois-ci avec regret parce qu'aujourd'hui, je souhaite entendre la suite de son message et accepter son aide. Et sifinalement, j'avais tout imaginé ? Je ne veux prendre aucun risque. Bouche cousue, je n'ai plus parlé de cela à quiconque. Durant la première semaine, je n'ai fait que prier tout en vaquant à mes occupations évitant, bien entendu les visites, parce que trop préoccupée par la mort, je n'ai pas la tête aux bavardages sans grandes importance, bien que de temps en temps, il m'arrivait presque d'oublier ce que l'homme de la vision m'a dit. Samedi, Samedi résonnait dans ma tête comme l'écho d'une cloche en arrêtpour me rappeler que la fin de mon destin est pour bientôt, pendant ma tournée j'entends : « N'oublie pas que ce n'est pas celui-là, mais l'autre ». Une information à devenir folle,J'ai fait mine face à mes patients de contrôler la situation en me disant qu'il me reste du temps.

TROISIEME PARTIE

Le lundi, je prends réellement conscience que dimanche fera un jour que je suis morte. Je perds piedset je reconnais mon impuissance face à la situation. Je suis prête à accepter mon sort pour rejoindre mon créateur. Mais pourquoi ai-je si peur ?

Je suis dans l'abandon de moi-même, que le Seigneur me pardonne. Je pleure, je vide les réservoirs demes larmes et le sang de Jésus dansmon cœur puisqu'ils ne meserviront à rien. Seule,abandonnée de Dieu et des hommes, loin de mes enfants ; c'est fini.

Rien n'a aucune importancepour moi que de passer aux regrets sur tout ce que j'ai pu réaliser ou pas jusqu'à ce jour. Je crie ma douleur à monDieu : « Père pourquoi m'abandonnes-tu ? ». Cette épreuve, je ne peux plus la supporter. Ainsi s'acheva la journée.

Le lendemain, je me sentais plus forte, plus rassurée, mais il est clair que le déroulement de mon destin me collait à la peau. Une petite voix intérieure me dit : « Va, et récupère un bouquet des fleurs que tu as vues, celles qui entouraient la plante aux jolies fleurs mauves, te souviens-tu ? Récupère la même quantité, pas plus ni moins que ce que tu as vu ». C'est ce que j'ai fait. Cette journée s'acheva comme les autres dans le même état d'esprit de ma limite humaine.

Le mercredi J-3, le chiffre 3 est celui de Dieu, très bon chiffre ! J'ai réalisé le même rituel qu'avec les jolies fleurs mauves, à la seule différence que le liquide obtenu était rougesang, je ne m'attendais pas à ça, je suis sous le choc. Il faut dire que pour moi à ce stade le moindre petit détail est parlant. En un battement de cils je me suis symboliquement représentée cela comme un signe du sang demon cœur,versé qui s'symbolise le grand Pardon et la vie éternelle. Dès lors j'ai compris que je ne mourrai pas ou du moins pas samedi. Une autre lueur d'espoir brille en moi. La journée s'annoncera plus belle que les autres !Enfin une nuit reposante, c'est le cas de dire : dormir sur ses deux oreilles.

Le jeudi J-2 ma situation se renverse et mon cas s'empire, mes espoirs de survie s'amenuisent. J'ai la tête comme une grenade prête à être désamorcée, j'ai peur. Je ne peux plus pleurer parce que le vide s'empare petit à petit de mon être, je débute mon combat avec la Mort. Mes supplications se mêlent à mes doutes... Ces voix dans ma tête me privent de mes espoirs...Je veux qu'elles se taisent... mais elles ne m'écoutent pas, car sans arrêt elles me disent : « Tu meurs, appelle tes proches ». Je monte le son du téléviseur pour sortir dupiège qu'elles me tendent ; car je crois subir le pire de ce qui existe sur la Terre ?

Le vendredi J-3 fut atroce, les voix sont toujours là et se précisent : « Tu meurs demain ».

Pourquoi devrais-je les écouter ? Il est écrit : Que nul ne connait ni l'heure ni le jour de sa mort pas même les anges, sauf le Père ». Il est vrai aussi que ce n'est pas le Père qui me l'a annoncé ? Mais qui saura que mon corps sans vie gît dans le silence de la maison vide pour recevoir la Mort? Je craignais de m'endormir par peur que la mort ne m'emporte ? J'ai veillé jusqu'à tard dans la nuit et du début du lendemain. Cette nuit était le jour du réveillon de Noël. Je suis devant le téléviseur, allongée sur le canapé à regarder la fête battre son plein sur l'écran. J'entends les cris de joies des gens du dehors, mêlés au son du zoukà forte volume...Personne...Personne ne verra quand la Mort viendra me chercher ? Tandis que moi accablée par la souffrance, la tristesse et la fatigue, refusant la résignation, je menais un combat face à la Morttelle une Amazone.Je ne mesuis pas rendu compte que je me suis endormie et que c'est déjà Samedile jour J, le jour de Noël célébré par les chrétiensen familles, entre amis et ceux qui fêtent la naissance de Jésus. Tandis que pour moi ce sera le jour de ma mort.

Je me suis réveillée en vie, blottie dans le canapé parce qu'il fallait que j'aille travailler.

Bizarrement, je me sens bien, ça ira ! Je pars à mon travail, calme et prudente à la conduite de ma voiture en modifiant mon itinéraire habituel par précaution, avec la forte conviction de vouloir déjouer la Mort sur la route, onne sait jamais !

L'après-midi, je suis restée chez moi, connectée au ciel allongée sur mon lit les volets clos.Je suis sereine, je m'apprête à mettre ma plus belle robe de la penderie à attendre patiemment minuit et une seconde, pour que la mort pénètre incognito dans ma chambre. Je suis seule et résignée ; ça y est Je suis prête, j'abaisse les paupièreset je ferme les yeux ... Et j'ouvre les yeux pour voir apparaître une lueur à travers les interstices des volets clos. Ça y est, je vois le tunnel de la mort qui mène dans le Séjours des morts, et je vois apparaître la Lumière !

Je me relève déphasée Que s'est-il passé ? Je tourne en rond ; car j'ai perdu la notion du temps et de l'espace ? Quel est ce jour ? Où suis-je ? Suis-je morte ou vivante ?

DIMANCHE 26 DECEMDRE 2010 : LE L'ENDEMAIN DU JOUR DE NOËL

Nous sommes le dimanche 26 DEC 2010 il est 05heures et 20minutes du matin. Je vérifie que tout est à sa place de l'intérieur et à l'extérieur de la maison y compris le jardin, et je constate que rien n'avait changé sauf que ma vision des choses est différente, J'ai eu la sensation de devenir sage. Je pousse des cris de joie avec la satisfaction d'une victoire remportée : JE SUIS VIVANTE ! Des supplications, je passe à la glorification du Seigneur et je pleure !

Une journée pas ordinaire mais en quoi ?

En réalité tout était changé en moi. Le dimanche au soir plus précisément aux environs de 20heures, installée dans mon canapé fétiche l'esprit libre dégagé de toutes distractions, j'ai ressenti une vibration, un peu comme un grand frisson suivie d'une impression d'envoléeintérieure ; pas de panique, je sais ce que c'est : Je sais que je vais recevoir un message de l'autre monde ; car mon contact avec le monde spirituel se passe ainsi.

J'entendsl'esprit me dire : « Va et lit Ecclésiaste ». Je monte dans ma chambre, je prends ma Bible, et je lis Ecclésiastequi est à son époque le Roi d'Israël, ville de Jérusalem en Judée, la ville sainte, un lieu mystique pour moi ; car c'est ici, à Jérusalem que les apôtres de Jésus ont reçu le Saint-Esprit. Tout au long de la lecture, la tristesse s'empare de moi, et le retour des larmes inondent ma face ravagée par la dureté de l'épreuve que j'ai traversée, j'avais la certitude de partager avec un l'Ecclésiastela même réalité de la vie ; une vie de déceptions, de remords mêlés d'espoirs ; car moi aussi je me suis trompée de bataille, et que je me suis écartée de ma vraie mission, faute de n'avoir pas compris le but de ma vie ici. Les paroles de ce Roi me brisaient la poitrine tandis que mon âme exaltait ; car elle entendait la voix de la sagesse du Roi qui a connu et vu ce que je vis actuellement ; car il n'y a rien de nouveau sous le soleil quand tourne la roue de l'Avenir et j'entends: « Va, mange ta nourriture avec joie, bois ton vind'un cœur bon ; car déjà le vrai Dieu a pris plaisir à tes œuvres, crains ton Dieu et garde ses commandements » et mon âme a raccroché.

La nuit fut agitée animée de questions et de réponses. Quant à moi, j'ai passé mon temps à chercher le bonheur sur la terre et aujourd'hui je l'ai connumais hors de ce Monde, ce fut pour moi une belle récompense.

Le lendemainà l'orée du jour. Il est 5 h20 du matin et la Résidence est encore endormie. Je sors de la maison ou plutôt comme attirée, je me poste face à face à elle, je lève les yeux au ciel et je vois... Est-ce une vision éveillée ?

Sur le toit de ma maison, je vois une magnifique star!L'étoile la plus brillante dans le ciel de la Guadeloupe,où la Lune cherchanttimidement à éclairer de sa faible lumière l'obscurité qui est sur le point d'aller vers un autre ciel. On ne voyait que la Star!Je l'ai regardée en souriant et je lui dit : « Tu es belle, le voleur d'étoiles de l'homme t'a libérée et tu es de retour au- dessus du toit de la maison, mon bonheurretrouvé c'est toi, mon destin pourra s'accomplir ! Je souhaite être lumineuse comme toi pour briller parmi les autres avant de quitter ce monde ».

Je suis restée quelques minutes à la contempler et à me nourrir de son rayonnement, puis j'ai regagné ma maison pour dormir.

C'est alors que les images de la vision captivent mon attention et me rappellent que la plante aux jolies fleurs mauves, c'était moi ?

Tout ce que cet homme a dit est vrai. Et le miracle de Noël se produisitmais pas dans la vérité que la religion catholique m'a appris parce que Noëln'est pas une fête chrétienne mais païenne parce que ce n'est pas le jour de la nativité de Jésus. Je ne fais aucune leçon àpersonne, vous êtes libres de croire et faire de ce que vous voulez, mais sans en faireun jourspirituel. Laissez Jésus hors des fêtes humaines, surtout si vous ne croyez pas en lui ; car cela risque d'être grave pour votre engagement avec l'Esprit : « Cet homme est l'esprit de Noël »

En réalité, J'AI CHANGEE, mon ancienne vie ne fait pas partie du passé mais du présent aussi, il faut mourir mystiquement pour entrer dans UNE NOUVELLE VIEqui vous aidera à accomplir vos desseins à venir.

C'est le jour Symbolique de ma RENNAISSANCE j'ai reçu en cadeaux de précieusesvertus :COMME LA SAGESSE, LA SCIENCE, L'INTELLIGENCE...

Ce mercredi-là, cet homme avait raison, j'allais mourir d'une mort mystique : Le vieil homme qui vivait en moi dès ma naissance, est mort déjà ! Aujourd'hui c'est la fuite des démons intérieurs, les esprits de peurs etde doutes. La Légion est partie dans les lieux arides du Désert et Jésus- Christ dit ceci :

« En vérité, en vérité, je te le dis, si un homme ne nait pas de nouveau, il ne peut voir le royaume de Dieu. Si un homme ne nait d'eau et d'esprit, il ne peut entrer dans le royaume de Dieu et de Jésus.
Et que ce qui est né de la chair est chair, et ce qui est né de l'esprit est esprit ».

Je suis née d'esprit le 25 DECEMBRE 2010

Alors : Ne t'étonne pas que j'ai dit qu' Il faut que vous naissiez de nouveau ». JC

Dans cette épreuve initiatique, j'en suis sortie grandie, changée.
C'est ainsi que la parole de Jésus prit tout son sens, à savoir : « Je détruirai ce Temple et je le bâtirai en trois jours ».
J'ai vaincu la mort et mon âme est exaltée ! C'est cela ma grande victoire.
J'ai mis mon cœur à l'ouvrage à travailler la sagesse de mon père, à affermir ma foi et à limiter tout ce que je ferai sous le soleil aux choses justes et utiles pour que l'esprit que je suis, serapproche de mon Créateur.

Le 14 Décembre 2010 lors d'un rendez-vous àIsraël ou à Jérusalem (pas en Afrique comme je le pensais) j'attendais je ne savais qui ? Et c'est un homme que je ne connais pas qui est venu m'annoncer un message inquiétant. Peu de temps après j'ai su, que l'inconnu est le « Le fils du roi DAVID ! » De quel fils s'agit-il ? Il s'agit du roi Salomon mon père, dont je fais partie de sa descendance, car je suis sa fille, il est le père de l'ange quiest réincarné en moi,et que j'ai vu agir quand le chien/démon est venu dans ma chambre. Alors que j'ai toujours demandé au cielqui j'étais ? La réponse était déjàdans la vision du couple royaux et de leur enfant, 2ans avant mon voyage de 2010 mais que je n'avais pas compris.

Le roi David est le père du roi Salomon, le grand père de Thaphath la fille aînée du roi Salomon ? Il est le pere spirituel de Jésus appelé aussi « fils de David »et decelui de l'ange qui est en moi. C'est en 2016 ou en 2017, je ne me rappelle plus très bien ? Que la voix d'un ange m'annonce être l'élue de Jésus : Un ange de Jésus, issu de la lignée du roi David selon la promesse de l'Eternel, le Dieu d'Israël, faite au roi David lui-même : « Si tes filsprennent garde à leur voies, en marchant avec ma présence, tu ne manqueras jamais devant moi d'un successeur assis sur le trône d'Israël...».

Le dimanche matin du 26 décembre 2010, j'ai entenduà la Radio qu'un journaliste parlait qu'une boule lumineuse passa au-dessus du mur de Jérusalem ? EST-CE UN SIGNE DU CIEL ?

L'EXPLICATION DES SYMBOLES

La plante aux jolies fleurs mauves représente mon souhait à être meilleure spirituellement, sansune trop grande préoccupation pour mon prochain qui ne sert à rien parce que je serai toujours isolée des autres à cause de mon Savoir sur ce monde. Le monde ne peut recevoir le consolateur : L'ESPRIT DE VERITE parce qu'il ne le voit pas et ne le connait pas, mais le Père nous a donné un autre consolateur afin qu'il demeure éternellement en nous.

Le mauve représente le domaine spirituel, il est vrai que plus ma Connaissance grandissait d'avantage ma souffrance était grande. Ecclésiaste dit ceci :

« Que revient-il à l'homme de tout son travail et de la préoccupation de son cœur objet de ses fatigues, ses jours ne sont que douleurs et chagrin, même la nuit son cœur ne se repose pas ».

Il est vrai que la plante aux jolies fleurs mauves était isolée, et l'isolement nous consume et nous plonge dans l'oubli. Les racines de ma foi sont solides et fortes et le pot (contenant) devenu trop petit les retient, ce qui représente le MONDE qui tente d'étouffer la vérité de Dieu aux hommes et le rôle de Satan à la faire taire aux hommes dans le monde. La matière retient les pensées de l'esprit de l'homme. Il est temps que je brise le pot pour libérer mes racines afin que je connaisse l'étendue du pouvoir de Satan sur l'humain ; car le petit plan que je suis est prêt à être mis en pleine terre pour s'épanouir et devenir un bel arbuste aux jolies fleurs mauves et rouges. La magie d'Israël et de Jérusalem transforma les clochettes en calices, c'est cela le Graal de Jésus ! L'union du peuple de Dieu : Tu es l'élue de ce siècle honore ton Père, me dit l'ange.

Les jolies fleurs mauves représentent la beauté spirituelle, la beauté et les couleurs de la vie avec Dieu et les joies que m'apportera ma progéniture ; une force à la dureté de l'accomplissement de mes desseins ; car là aussi c'est un grand don de Dieu.

Les fleurs multicolores du Bougainvillier sont les hommes de foi, autour de moi,que je ne vois pas, leurs prières pour la repentance et le pardon de nospéchés sont entendus du ciel.Des hommes de toutes les nations et de toutes les couleurs du monde entier seront frères après mon départ de la Terre.Cette plante représente une grande variété de couleurs, les fleurs sont belles mais les branchages épineux sont dangereux, il faut les utiliser avec délicatesse, les épines vous piquent et font couler le sang des imprudents contaminés par les souffrances de l'ennemi, voilà pourquoi que le roi Salomon ne me l'a pas donné.

Jérusalem, gardienne de la nouvelle foi, ville sainte et vivante est un lieu de rencontre des croyants pour prier Dieu. Un lieu de mémoire où plane l'esprit des prophètes martyrs de Dieu.

L'Esprit de Dieu sur Jérusalem me fortifie, veille sur moi et mes frères peu nombreux, et nous accompagne dans nosMissions Terrestres, je le sais même si je ne les vois pas.

L'étoile est la Lanterne de la nuit qui nous guide vers la lumière jour après jour. Elle signale la présence de l'élu sur la Terre etsymbolise la nouveauté qu'elle amène, c'estle signe de la renaissance des esprits et de l'accomplissement des promesses du Seigneur faits à nos pères :Le pardon, la grâce, le Salutet la vie éternellequi viennent de Jésus, bientôt !

L'étoile représente aussi les cinq piliers de l'Islam, la réconciliation des religions en un Dieu, unique et éternel.

La charrette est la révolution du peuple, le changement, qui est le garant que l'Espritde Dieu est toujours à Jérusalem, il est l'espoir des joursmeilleurs ! La paix apparaîtra dans le cœur de tous les hommes,mais avant il faut que l'Impie et que les iniquités n'y soient plus. L'Esprit me transporta dans cette ville afin de vous rapporter ce message, une prophétie d'espoir, d'amour et d'espérance ; car une Ere nouvelle s'ouvre à nous, bientôt.

Cet homme, le messager de Dieu a rapproché le présent du passé. Voilà ce que voulait me dire cet homme : qu'il faut que chaque homme meure et qu'il renaisse à nouveau pour connaître et comprendre la profondeur de la vie derrière le rideau noir de la mort. J'annonce aux hommes le retour de la vraie religion, celle du roi David et de son fils Ecclésiaste ... Qui est celle du Dieude nos Pères : L'Eternel que j'ai connu dans le ciel.Je vous dis qu'il existera toujours, bien que vous le savez, des choses mauvaises et je vous demande de prendre garde à ne pas livrer vos cœurs au désespoir et au chagrin en vue de tout ce qui se passe sous le soleil ; car la fin de toutes choses est proche.Soyez patient comme le Père. Merci.

A ce jour la prophétie est en marche depuis 2011.

Le 12 Janvier 2011 voilà ce que j'ai vu dans une ville à l'ouest de la France...

Recevez ceci de moi au nom de Jésus : L'AMOUR, LA PAIX, LA LUMIERE ET LE PARDON ...

Je vous aime

L'ange de Jésus.

Printed by Books on Demand GmbH, Norderstedt / Germany